January 18, 1999

What do I consider my most important Contributions?

- That I early on—almost sixty years ago—realized that MANAGEMENT has become the constitutive organ and function of the Society of Organizations ;

- That MANAGEMENT is not "Business Management- though it first attained attention in business- but the governing organ of ALL institutions of Modern Society;

- That I established the study of MANAGEMENT as a DISCIPLINE in its own right;

and

- That I focused this discipline on People and Power; on Values; Structure and Constitution; AND ABOVE ALL ON RESPONSIBILITIES- that is focused the Discipline of Management on Management as a truly LIBERAL ART.

Peter F. Drucker

## 我认为我最重要的贡献是什么？

- 早在60年前，我就认识到管理已经成为组织社会的基本器官和功能；

- 管理不仅是"企业管理"，而且是所有现代社会机构的管理器官，尽管管理最初侧重于企业管理；

- 我创建了管理这门独立的学科；

- 我围绕着人与权力、价值观、结构和方式来研究这一学科，尤其是围绕着责任。管理学科是把管理当作一门真正的人文艺术。

彼得·德鲁克
1999年1月18日

注：资料原件打印在德鲁克先生的私人信笺上，并有德鲁克先生亲笔签名，现藏于美国德鲁克档案馆。为纪念德鲁克先生，本书特收录这一珍贵资料。本资料由德鲁克管理学专家那国毅教授提供。

彼得·德鲁克和妻子多丽丝·德鲁克

## 德鲁克妻子多丽丝寄语中国读者

在此谨向广大的中国读者致以我诚挚的问候。本丛书深入介绍了德鲁克在管理领域方面的多种理念和见解。我相信他的管理思想得以在中国广泛应用，将有赖于出版及持续的教育工作，从而令更多人受惠于他的馈赠。

盼望本丛书可以激发各位对构建一个令人憧憬的美好社会的希望，并推动大家在这一过程中积极发挥领导作用，他的在天之灵定会备感欣慰。

Doris Drucker

注：本页照片和多丽丝寄语原文与亲笔签名由北京光华博雅管理研修学院提供。

# 德鲁克演讲实录

[美] 彼得·德鲁克 著

瑞克·沃兹曼（Rick Wartzman）整理

汪小雯 张坤 译

# The Drucker Lectures

## Essential Lessons on Management, Society and Economy

彼得·德鲁克全集

机械工业出版社

CHINA MACHINE PRESS

图书在版编目（CIP）数据

德鲁克演讲实录 /（美）彼得·德鲁克（Peter F. Drucker）著；（美）瑞克·沃兹曼（Rick Wartzman）整理；汪小雯，张坤译 . —北京：机械工业出版社，2020.1（2023.12 重印）
（彼得·德鲁克全集）
书名原文：The Drucker Lectures: Essential Lessons on Management, Society and Economy

ISBN 978-7-111-63556-7

I. 德… II. ①彼… ②瑞… ③汪… ④张… III. 德鲁克（Drucker, Peter Ferdinand 1909—2005）– 演讲 – 文集 IV. C93-53

中国版本图书馆 CIP 数据核字（2019）第 262853 号

北京市版权局著作权合同登记 图字：01-2019-4117 号。

## 德鲁克演讲实录

| | | |
|---|---|---|
| 出版发行：机械工业出版社（北京市西城区百万庄大街 22 号 邮政编码：100037） | | |
| 责任编辑：岳小月 | 责任校对：殷 虹 | |
| 印 刷：固安县铭成印刷有限公司 | 版 次：2023 年 12 月第 1 版第 2 次印刷 | |
| 开 本：170mm×230mm 1/16 | 印 张：16.25 | |
| 书 号：ISBN 978-7-111-63556-7 | 定 价：79.00 元 | |

客服电话：（010）88361066 68326294

知识必须不断地得到改进，否则它们就会消失。

——彼得·德鲁克

# 赞　誉

"德鲁克为幽暗且混乱的世界，点亮了一盏明灯。他的言词至今仍然和时代息息相关，就如同在演讲的当时。德鲁克的演讲和思想，值得每一位有责任感的人深入思考，不论是现在、明天、10年后、50年后还是100年后。"

——吉姆·柯林斯（Jim Collins）

《从优秀到卓越》作者

"瑞克·沃兹曼让彼得·德鲁克复活了，本书如此生动地阐述着德鲁克的理念和思想。这些谈话和演讲，因为是以口述而不是以写作的方式呈现的，所以对于我们大多数人来说都是全新的。这是一场饕餮盛宴。"

——查尔斯·汉迪（Charles Handy）

《第二曲线》作者

"彼得·德鲁克激起了人们对他的敬畏之心。从20世纪40年代开始直到前几年去世，他向我们展示了他的深刻见解、高远眼界和等身的著作，高山仰止，鲜有人能望其项背。这本精心编撰的演讲实录涵盖了德鲁克广阔的思想以及形成这些思想的历史背景。德鲁克演讲实录读起来饶有趣味，展示了一位非凡的智者深邃和精妙的思想。"

——丹尼尔·H.平克（Daniel H. Pink）

《驱动力》作者

"通过这本演讲实录，瑞克·沃兹曼让德鲁克复活了。阅读本书，我觉得自己就好像是坐在观众席中，聆听我的朋友和英雄彼得·德鲁克的演讲，他是真正的管理天才。这些演讲至今仍然非常重要，一如他演讲当年。演讲实录涵盖了很多重要的领域，从信仰和个人的重要性到全球经济的兴起。这是一本经典合集，应该摆在每位经理人的书架上。"

——肯·布兰佳（Ken Blanchard）

《一分钟经理人》作者

"瑞克·沃兹曼编撰了德鲁克的演讲实录，这是一项伟大的贡献。这本演讲实录的影响力，与德鲁克的思想和著作同样深远。即便你曾经读过德鲁克的著作，本书也会有你前所未见的新发现。德鲁克的思想长存，他的著作常读常新，从中你可以汲取新的力量。"

——保罗·奥尼尔（Paul O'Neill）

美国财政部前部长

# | 目 录 |

# 功能正常的社会和博雅管理

## 为"彼得·德鲁克全集"作序

享誉世界的"现代管理学之父"彼得·德鲁克先生自认为，虽然他因为创建了现代管理学而广为人知，但他其实是一名社会生态学者，他真正关心的是个人在社会环境中的生存状况，管理则是新出现的用来改善社会和人生的工具。他一生写了 39 本书，只有 15 本书是讲管理的，其他都是有关社群（社区）、社会和政体的，而其中写工商企业管理的只有两本书（《为成果而管理》和《创新与企业家精神》）。

德鲁克深知人性是不完美的，因此人所创造的一切事物，包括人设计的社会也不可能完美。他对社会的期待和理想并不高，那只是一个较少痛苦，还可以容忍的社会。不过，它还是要有基本的功能，为生活在其中的人提供可以正常生活和工作的条件。这些功能或条件，就好像一个生命体必须具备正常的生命特征，没有它们社会也就不成其为社会了。值得留意的是，社会并不等同于"国家"，因为"国（政府）"和"家（家庭）"不可能提供一个社会全部必要的职能。在德鲁克眼里，功能正常的社会至少要由三大类机构组成：政府、企业和非营利机构，它们各自发挥不同性质的作用，每一类、每一个机构中都要有能解决问题、令机构创造出独特绩效的权力中心和决策机制，这个权力中心和决策机制同时也要让机构里的每个人各得其所，既有所担当、做出贡献，又得到生计和身份、地位。这些在过去的国家中从来没有过的权力中心和决策机制，或者说新的"政体"，就是"管理"。在这里德鲁克把企业和非营利机构中的管理体制与政府的统治体制统称为"政体"，是因为它们都掌握权力，但是，这是两种性质截然不同的权力。企业和非营利机构掌握的，是为了提供特定的产品和服务，而调配社会资源的权力，政府所拥有的，则是整个社会公平的维护、正义的裁夺和干预的权力。

在美国克莱蒙特大学附近，有一座小小的德鲁克纪念馆，走进这座用他的故居改成的纪念馆，正对客厅入口的显眼处有一段他的名言：

在一个由多元的组织所构成的社会中，使我们的各种组织机构负责任地、独立自治地、高绩效地运作，是自由和尊严的唯一保障。有绩效的、负责任的管理是对抗和替代极权专制的唯一选择。

当年纪念馆落成时，德鲁克研究所的同事们问自己，如果要从德鲁克的著作中找出一段精练的话，概括这位大师的毕生工作对我们这个世界的意义，会是什么？他们最终选用了这段话。

如果你了解德鲁克的生平，了解他的基本信念和价值观形成的过程，你一定会同意他们的选择。从他的第一本书《经济人的末日》到他独自完成的最后一本书《功能社会》之间，贯穿着一条抵制极权专制、捍卫个人自由和尊严的直线。这里极权的极是极端的极，不是集中的集，两个词一字之差，其含义却有着重大区别，因为人类历史上由来已久的中央集权统治直到 20 世纪才有条件变种成极权主义。极权主义所谋求的，是从肉体到精神，全面、彻底地操纵和控制人类的每一个成员，把他们改造成实现个别极权主义者梦想的人形机器。20 世纪给人类带来最大灾难和伤害的战争和运动，都是极权主义的"杰作"，德鲁克青年时代经历的希特勒纳粹主义正是其中之一。要了解德鲁克的经历怎样影响了他的信念和价值观，最好去读他的《旁观者》；要弄清什么是极权主义和为什么大众会拥护它，可以去读汉娜·阿伦特 1951 年出版的《极权主义的起源》。

好在历史的演变并不总是令人沮丧。工业革命以来，特别是从 1800 年开始，最近这 200 年生产力呈加速度提高，不但造就了物质的极大丰富，还带来了社会结构的深刻改变，这就是德鲁克早在 80 年前就敏锐地洞察和指出的，多元的、组织型的新社会的形成：新兴的企业和非营利机构填补了由来已久的"国（政府）"和"家（家庭）"之间的断层和空白，为现代国家提供了真正意义上的种种社会功能。在这个基础上，教育的普及和知识工作者的崛起，正在造就知识经济和知识社会，而信息科技成为这一切变化的加速器。要特别说明，"知识工作者"是德鲁克创造的一个称谓，泛指具备和应用专门知识从事生产工作，为社会创造出有用的产品和服务的人群，这包括企业家和在任何机构中的管理者、专业人士和技工，也包括社会上的独立执业人士，如会计师、律师、咨询师、培训师等。在 21 世纪的今天，由于知识的应用领域一再被扩大，个人和个别机构不再是孤独无助的，他们因为掌握了某项知识，就拥有了选择的自由和影响他人的权力。知识工作者和由他们组成的知识型组织不再是传统的知识分子或组织，知识工作者最大的特点就是他们的独立自主，可以主动地整合资源、创造价值，促成经济、社会、文化甚至政治层面的改变，而传统的知识分子只能依附于当时的统治当局，在统治当局提供的平台上才能有所作为。这是一个划时代的、意义深远的变化，而且这个变化不仅发生在西方发达国家，也发生在发展中国家。

在一个由多元组织构成的社会中，拿政府、企业和非营利机构这三类组织相互比较，企业和非营利机构因为受到市场、公众和政府的制约，它们的管理者不可能像政府那样走上极权主义统治，这是它们在德鲁克看来，比政府更重要、更值得寄予希望的原因。尽管如此，它们仍然可能因为管理缺位或者管理失当，例如官僚专制，不能达到德鲁克期望的"负责任地、高绩效地运作"，从而为极权专制垄断社会资源让出空间、提供机会。在所有机构中，包括在互联网时代虚拟的工作社群中，知识工作者的崛起既为新的管理提供了基础和条件，也带来对传统的"胡萝卜加大棒"管理方式的挑战。德鲁克正是因应这样的现实，研究、创立和不断完善现代管理学的。

1999 年 1 月 18 日，德鲁克接近 90 岁高龄，在回答"我最重要的贡献是什么"这个问题时，他写了下面这段话：

　　我着眼于人和权力、价值观、结构和规范去研究管理学，而在所有这些之上，我聚焦于"责任"，那意味着我是把管理学当作一门真正的"博雅技艺"来看待的。

给管理学冠上"博雅技艺"的标识是德鲁克的首创，反映出他对管理的独特视角，这一点显然很重要，但是在他众多的著作中却没找到多少这方面的进一步解释。最完整的阐述是在他的《管理新现实》这本书第 15 章第五小节，这节的标题就是"管理是一种博雅技艺"：

> 30 年前，英国科学家兼小说家斯诺（C. P. Snow）曾经提到当代社会的"两种文化"。可是，管理既不符合斯诺所说的"人文文化"，也不符合他所说的"科学文化"。管理所关心的是行动和应用，而成果正是对管理的考验，从这一点来看，管理算是一种科技。可是，管理也关心人、人的价值、人的成长与发展，就这一点而言，管理又算是人文学科。另外，管理对社会结构和社群（社区）的关注与影响，也使管理算得上是人文学科。事实上，每一个曾经长年与各种组织里的管理者相处的人（就像本书作者）都知道，管理深深触及一些精神层面关切的问题——像人性的善与恶。
>
> 　管理因而成为传统上所说的"博雅技艺"（liberal art）——是"博雅"（liberal），因为它关切的是知识的根本、自我认知、智慧和领导力，也是"技艺"（art），因为管理就是实行和应用。管理者从各种人文科学和社会科学中——心理学和哲学、经济学和历史、伦理学，以及从自然科学中，汲取知识与见解，可是，他们必须把这种知识集中在效能和成果上——治疗病

人、教育学生、建造桥梁，以及设计和销售容易使用的软件程序等。

作为一个有多年实际管理经验，又几乎通读过德鲁克全部著作的人，我曾经反复琢磨过为什么德鲁克要说管理学其实是一门"博雅技艺"。我终于意识到这并不仅仅是一个标新立异的溢美之举，而是在为管理定性，它揭示了管理的本质，提出了所有管理者努力的正确方向。这至少包括了以下几重含义：

第一，管理最根本的问题，或者说管理的要害，就是管理者和每个知识工作者怎么看待与处理人和权力的关系。德鲁克是一位基督徒，他的宗教信仰和他的生活经验相互印证，对他的研究和写作产生了深刻的影响。在他看来，人是不应该有权力（power）的，只有造人的上帝或者说造物主才拥有权力，造物主永远高于人类。归根结底，人性是软弱的，经不起权力的引诱和考验。因此，人可以拥有的只是授权（authority），也就是人只是在某一阶段、某一事情上，因为所拥有的品德、知识和能力而被授权。不但任何个人是这样，整个人类也是这样。民主国家中"主权在民"，但是人民的权力也是一种授权，是造物主授予的，人在这种授权之下只是一个既有自由意志，又要承担责任的"工具"，他是造物主的工具而不能成为主宰，不能按自己的意图去操纵和控制自己的同类。认识到这一点，人才会谦卑而且有责任感，他们才会以造物主才能够掌握、人类只能被其感召和启示的公平正义，去时时检讨自己，也才会甘愿把自己置于外力强制的规范和约束之下。

第二，尽管人性是不完美的，但是人彼此平等，都有自己的价值，都有自己的创造能力，都有自己的功能，都应该被尊敬，而且应该被鼓励去创造。美国的独立宣言和宪法中所说的，人生而平等，每个人都有与生俱来、不证自明的权利（rights），正是从这一信念而来的，这也是德鲁克的管理学之所以可以有所作为的根本依据。管理者是否相信每个人都有善意和潜力？是否真的对所有人都平等看待？这些基本的或者说核心的价值观和信念，最终决定他们是否能和德鲁克的学说发生感应，是否真的能理解和实行它。

第三，在知识社会和知识型组织里，每一个工作者在某种程度上，都既是知识工作者，也是管理者，因为他可以凭借自己的专门知识对他人和组织产生权威性的影响——知识就是权力。但是权力必须和责任捆绑在一起。而一个管理者是否负起了责任，要以绩效和成果做检验。凭绩效和成果问责的权力是正当和合法的权力，也就是授权（authority），否则就成为德鲁克坚决反对的强权（might）。绩效和成果之所以重要，是因为不但在经济和物质层面，而且在心理层面，都会对人们产生影响。管理者和领导者如果持续不能解决现实问题，大众在彻底失望之余，会转而选择去依赖和服从强权，同时甘愿交出自己的自由和尊严。这就是为什么德鲁克一再警告，如果管理失败，极权主义就会取而代之。

第四，除了让组织取得绩效和成果，管理者还有没有其他的责任？或者换一种说法，绩效和成果仅限于可量化的经济成果和财富吗？对一个工商企业来说，除了为客户提供价廉物美的产品和服务、为股东赚取合理的利润，能否同时成为一个良好的、负责任的"社会公民"，能否同时帮助自己的员工在品格和能力两方面都得到提升呢？这似乎是一个太过苛刻的要求，但它是一个合理的要求。我个人在十多年前，和一家这样要求自己的后勤服务业的跨国公司合作，通过实践认识到这是可能的。这意味着我们必须学会把伦理道德的诉求和经济目标，设计进同一个工作流程、同一套衡量系统，直至每一种方法、工具和模式中去。值得欣慰的是，今天有越来越多的机构开始严肃地对待这个问题，在各自的领域做出肯定的回答。

第五，"作为一门博雅技艺的管理"或称"博雅管理"，这个讨人喜爱的中文翻译有一点儿问题，从翻译的"信、达、雅"这三项专业要求来看，雅则雅矣，信有不足。liberal art 直译过来应该是"自由的技艺"，但最早的繁体字中文版译成了"博雅艺术"，这可能是想要借助它在汉语中的褒义，我个人还是觉得"自由的技艺"更贴近英文原意。liberal 本身就是自由。art 可以译成艺术，但管理是要应用的，是要产生绩效和成果的，所以它首先应该是一门"技能"。此外，管理的对象是人们的工作，和人打交道一定会面对人性的善恶，人的千变万化的意念——感性的和理性的，从这个角度看，管理又是一门涉及主观判断的"艺术"。所以 art 其实更适合解读为"技艺"。liberal——自由，art——技艺，把两者合起来就是"自由技艺"。

最后我想说的是，我之所以对 liberal art 的翻译这么咬文嚼字，是因为管理学并不像人们普遍认为的那样，是一个人或者一个机构的成功学。它不是旨在让一家企业赚钱，在生产效率方面达到最优，也不是旨在让一家非营利机构赢得道德上的美誉。它旨在让我们每个人都生存在其中的人类社会和人类社群（社区）更健康，使人们较少受到伤害和痛苦。让每个工作者，按照他与生俱来的善意和潜能，自由地选择他自己愿意在这个社会或社区中所承担的责任；自由地发挥才智去创造出对别人有用的价值，从而履行这样的责任；并且在这样一个创造性工作的过程中，成长为更好和更有能力的人。这就是德鲁克先生定义和期待的，管理作为一门"自由技艺"，或者叫"博雅管理"，它的真正的含义。

邵明路

彼得·德鲁克管理学院创办人

# 跨越时空的管理思想

20多年来，机械工业出版社华章公司关于德鲁克先生著作的出版计划在国内学术界和实践界引起了极大的反响，每本书一经出版便会占据畅销书排行榜，广受读者喜爱。我非常荣幸，一开始就全程参与了这套丛书的翻译、出版和推广活动。尽管这套丛书已经面世多年，然而每次去新华书店或是路过机场的书店，总能看见这套书静静地立于书架之上，长盛不衰。在当今这样一个强调产品迭代、崇尚标新立异、出版物良莠难分的时代，试问还有哪本书能做到这样呢？

如今，管理学研究者们试图总结和探讨中国经济与中国企业成功的奥秘，结论众说纷纭、莫衷一是。我想，企业成功的原因肯定是多种多样的。中国人讲求天时、地利、人和，缺一不可，其中一定少不了德鲁克先生著作的启发、点拨和教化。从中国老一代企业家（如张瑞敏、任正非），及新一代的优秀职业经理人（如方洪波）的演讲中，我们常常可以听到来自先生的真知灼见。在当代管理学术研究中，我们也可以常常看出先生的思想指引和学术影响。我常常对学生说，当你不能找到好的研究灵感时，可以去翻翻先生的著作；当你对企业实践困惑不解时，也可以把先生的著作放在床头。简言之，要想了解现代管理理论和实践，首先要从研读德鲁克先生的著作开始。基于这个原因，1991年我从美国学成回国后，在南京大学商学院图书馆的一角专门开辟了德鲁克著作之窗，并一手创办了德鲁克论坛。至今，我已在南京大学商学院举办了100多期德鲁克论坛。在这一点上，我们也要感谢机械工业出版社华章公司为德鲁克先生著作的翻译、出版和推广付出的辛勤努力。

在与企业家的日常交流中，当发现他们存在各种困惑的时候，我常常推荐企业家阅读德鲁克先生的著作。这是因为，秉持奥地利学派的一贯传统，德鲁克先生总是将企业家和创新作为著作的中心思想之一。他坚持认为："优秀的企业家和企业家精神是一个国家最为重要的资源。"在企业发展过程中，企业家总是面临着效率和创新、制度和个性化、利润和社会责任、授权和控制、自我和他人等不同的矛盾与冲突。企业家总是在各种矛盾与冲突中成长和发展。现代工商管理教育不但需要传授建立现代管理制度的基本原理和准则，同时也要培养一大批具有优秀管理技能的职业经理人。一个有效的组织既离不开良好的制度保证，同时也离不开有效的管理者，两者缺一不可。这是因为，一方面，企业家需要通过对管理原则、责任和实践进行研究，探索如何建立一个有效的管理机制和制度，而衡量一个管理制度是否有效的标准就在于该制度能否将管理者个人特征的影响降到最低限度；另一方面，一个再高明的制度，如果没有具有职业道德的员工和管理者的遵守，制度也会很容易土崩瓦解。换言之，一个再高效的组织，如果缺乏有效的管理者和员工，组织的效率也不可能得到实现。虽然德鲁克先生的大部分著作是有关企业管理的，但是我们可以看到自由、成长、创新、多样化、多元化的思想在其著作中是一以贯之的。正如德鲁克在《旁观者》一书的序言中所阐述的，"未来是'有机体'的时代，由任务、目的、策略、社会的和外在的环境所主导"。很多人喜欢德鲁克提出的概念，但是德鲁克却说，"人比任何概念都有趣多了"。德鲁克本人虽然只是管理的旁观者，但是他对企业家工作的理解、对管理本质的洞察、对人性复杂性的观察，鞭辟入里、入木三分，这也许就是企业家喜爱他的著作的原因吧！

德鲁克先生从研究营利组织开始，如《公司的概念》（1946年），到研究非营利组织，如《非营利组织的管理》（1990年），再到后来研究社会组织，如《功能社会》（2002年）。虽然德鲁克先生的大部分著作出版于20世纪六七十年代，然而其影响力却是历久弥新的。在他的著作中，读者很容易找到许多最新的管理思想的源头，同时也不难获悉许多在其他管理著作中无法找到的"真知灼见"，从组织的使命、组织的目标以及工商企业与服务机构的异同，到组织绩效、富有效率的员工、员工成就、员工福利和知识工作者，再到组织的社会影响与社会责任、企业与政府的关系、管理者的工作、管理工作的设计与内涵、管理人员的开发、目标管理与自我控制、中层管理者和知识型组织、有效决策、管理沟通、管理控制、面向未来的管理、组织的架构与设计、企业的合理规模、多角化经营、多国公司、企业成长和创新型组织等。

30多年前在美国读书期间，我就开始阅读先生的著作，学习先生的思想，并聆听先生的课堂教学。回国以后，我一直把他的著作放在案头。尔后，每隔一段时间，每每碰到新问题，就重新温故。令人惊奇的是，随着阅历的增长、知识的丰富，每次重温的时候，竟然会生出许多不同以往的想法和体会。仿佛这是一座挖不尽的宝藏，让人久久回味，有幸得以伴随终生。一本著作一旦诞生，就独立于作者、独立于时代而专属于每个读者，不同地理区域、不同文化背景、不同时代的人都能够从中得到启发、得到教育。这样的书是永恒的、跨越时空的。我想，德鲁克先生的著作就是如此。

特此作序，与大家共勉！

南京大学人文社会科学资深教授、商学院名誉院长

博士生导师

2018 年 10 月于南京大学商学院安中大楼

彼得·德鲁克与伊藤雅俊管理学院是因循彼得·德鲁克和伊藤雅俊命名的。德鲁克生前担任玛丽·兰金·克拉克社会科学与管理学教席教授长达三十余载，而伊藤雅俊则受到日本商业人士和企业家的高度评价。

彼得·德鲁克被称为"现代管理学之父"，他的作品涵盖了39本著作和无数篇文章。在德鲁克学院，我们将他的著述加以浓缩，称之为"德鲁克学说"，以撷取德鲁克著述在五个关键方面的精华。

我们用以下框架来呈现德鲁克著述的现实意义，并呈现他的管理理论对当今社会的深远影响。

这五个关键方面如下。

（1）**对功能社会重要性的信念。**一个功能社会需要各种可持续性的组织贯穿于所有部门，这些组织皆由品行端正和有责任感的经理人来运营，他们很在意自己为社会带来的影响以及所做的贡献。德鲁克有两本书堪称他在功能社会研究领域的奠基之作。第一本书是《经济人的末日》（1939年），"审视了法西斯主义的精神和社会根源"。然后，在接下来出版的《工业人的未来》（1942 年）一书中，德鲁克阐述了自己对第二次世界大战后社会的展望。后来，因为对健康组织对功能社会的重要作用兴趣盎然，他的主要关注点转到了商业。

（2）**对人的关注**。德鲁克笃信管理是一门博雅艺术，即建立一种情境，使博雅艺术在其中得以践行。这种哲学的宗旨是：管理是一项人的活动。德鲁克笃信人的潜质和能力，而且认为卓有成效的管理者是通过人来做成事情的，因为工作会给人带来社会地位和归属感。德鲁克提醒经理人，他们的职责可不只是给大家发一份薪水那么简单。

对于如何看待客户，德鲁克也采取"以人为本"的思想。他有一句话人人知晓，即客户决定了你的生意是什么、这门生意出品什么以及这门生意日后能否繁荣，因为客户只会为他们认为有价值的东西买单。理解客户的现实以及客户崇尚的价值是"市场营销的全部所在"。

（3）**对绩效的关注**。经理人有责任使一个组织健康运营并且持续下去。考量经理人的凭据是成果，因此他们要为那些成果负责。德鲁克同样认为，成果负责制要渗透到组织的每一个层面，务求淋漓尽致。

制衡的问题在德鲁克有关绩效的论述中也有所反映。他深谙若想提高人的生产力，就必须让工作给他们带来社会地位和意义。同样，德鲁克还论述了在延续性和变化二者间保持平衡的必要性，他强调面向未来并且看到"一个已经发生的未来"是经理人无法回避的职责。经理人必须能够探寻复杂、模糊的问题，预测并迎接变化乃至更新所带来的挑战，要能看到事情目前的样貌以及可能呈现的样貌。

（4）**对自我管理的关注**。一个有责任心的工作者应该能驱动他自己，能设立较高的绩效标准，并且能控制、衡量并指导自己的绩效。但是首先，卓有成效的管理者必须能自如地掌控他们自己的想法、情绪和行动。换言之，内在意愿在先，外在成效在后。

（5）**基于实践的、跨学科的、终身的学习观念。**德鲁克崇尚终身学习，因为他相信经理人必须要与变化保持同步。但德鲁克曾经也有一句名言："不要告诉我你跟我有过一次精彩的会面，告诉我你下周一打算有哪些不同。"这句话的意思正如我们理解的，我们必须关注"周一早上的不同"。

这些就是"德鲁克学说"的五个支柱。如果你放眼当今各个商业领域，就会发现这五个支柱恰好代表了五个关键方面，它们始终贯穿交织在许多公司使命宣言传达的讯息中。我们有谁没听说过高管宣称要回馈他们的社区，要欣然采纳以人为本的管理方法和跨界协同呢？

彼得·德鲁克的远见卓识在于他将管理视为一门博雅艺术。他的理论鼓励经理人去应用"博雅艺术的智慧和操守课程来解答日常在工作、学校和社会中遇到的问题"。也就是说，经理人的目光要穿越学科边界来解决这世上最棘手的一些问题，并且坚持不懈地问自己："你下周一打算有哪些不同？"

彼得·德鲁克的影响不限于管理实践，还有管理教育。在德鲁克学院，我们用"德鲁克学说"的五个支柱来指导课程大纲设计，也就是说，我们按照从如何进行自我管理到组织如何介入社会这个次序来给学生开设课程。

德鲁克学院一直十分重视自己的毕业生在管理实践中发挥的作用。其实，我们的使命宣言就是：

通过培养改变世界的全球领导者，来提升世界各地的管理实践。

有意思的是，世界各地的管理教育机构也很重视它们的学生在实践中的表现。事实上，这已经成为国际精英商学院协会（AACSB）认证的主要标志之一。国际精英商学院协会"始终致力于增进商界、学者、机构以及学生之间的交融，从而使商业教育能够与商业实践的需求步调一致"。

最后我想谈谈德鲁克和管理教育，我的观点来自 2001 年 11 月 *BizEd* 杂志第 1 期对彼得·德鲁克所做的一次访谈，这本杂志由商学院协会出版，受众是商学院。在访谈中，德鲁克被问道：在诸多事项中，有哪三门课最重要，是当今商学院应该教给明日之管理者的？

德鲁克答道：

第一课，他们必须学会对自己负责。太多的人仍在指望人事部门来照顾他们，他们不知道自己的优势，不知道自己的归属何在，他们对自己毫不负责。

第二课也是最重要的，要向上看，而不是向下看。焦点仍然放在对下属的管理上，但应开始关注如何成为一名管理者。管理你的上司比管理下属更重要。所以你要问，"我应该为组织贡献什么？"

最后一课是必须修习基本的素养。是的，你想让会计做好会计的事，但你也想让他了解组织的其他功能何在。这就是我说的组织的基本素养。这类素养不是学一些相关课程就行了，而是与实践经验有关。

  凭我一己之见，德鲁克在 2001 年给出的这则忠告，放在今日仍然适用。卓有成效的管理者需要修习自我管理，需要向上管理，也需要了解一个组织的功能如何与整个组织契合。

  彼得·德鲁克对管理实践的影响深刻而巨大。他涉猎广泛，他的一些早期著述，如《管理的实践》（1954 年）、《卓有成效的管理者》（1967 年）以及《创新与企业家精神》（1985 年），都是我时不时会翻阅研读的书，每当我作为一个商界领导者被诸多问题困扰时，我都会从这些书中寻求答案。

珍妮·达罗克

彼得·德鲁克与伊藤雅俊管理学院院长

亨利·黄市场营销和创新教授

美国加州克莱蒙特市

# 导言

　　你可以想象，他就坐在教室的桌边，深邃的目光透过厚厚的镜片聚焦在学生身上，而他的学生们如饥似渴地聆听着，不放过他所说的每一个字。他男中音般的声音在整个教室回荡，而他的奥地利口音就如维也纳的萨赫蛋糕那样醇厚。

　　他不看任何教案或者讲稿，时不时地暂停一下，眼神翻转，就好像电脑正在下载信息，然后重新回到他的主题，并为此补充一堆新的数据和事实。

　　他跳跃的思维在一个又一个主题间游荡，对成本会计的讨论夹杂着对美索不达米亚城邦的即兴评述，然后又会转到高等教育或者医疗保健历史上的教训。然而，到最后他能用某种神奇的方式把这些都联系在一起。对他来说，偏离主题是一种高超的艺术。他的整个谈话都充满了魅力、幽默和温和的气质，正如一个学生所说："他的讲话让冰冷的教室变成了舒适的会客厅。"

　　彼得·德鲁克被认为是有史以来最伟大的管理思想家，因他的 39 本著作而闻名。这些著作包括经典的《公司的概念》（1946）、《管理的实践》（1954）、《卓有成效的管理者》（1967）、《管理：使命、责任、实践》（1973）、《创新与企业家精神》（1985）以及《21世纪的管理挑战》1999）。

2005年，德鲁克在96岁生日前夕去世，那些有幸聆听过他演讲的人得以看到他的另外一面。这些演讲各具特色，从电视机时代的萌芽时期到互联网时代，从第二次世界大战到2001年"9·11"事件余波，从新中国成立前到中国作为经济大国崛起，本书想让大家领略这些演讲的个中滋味。

德鲁克是谦卑的，经常在他的谈话中自我贬低，他总是会说"我甚至不知道从哪里开始"或"我不知道说的是不是有道理"。但是更多时候，他是极具权威性的，他会用决绝的口吻说话。"自1950年以来，没有一项政府计划获得成功。"这番论断出现在1991年他在华盛顿经济俱乐部的演讲中。

有时候他的胆子大得吓人。在2001年的演讲中，他把质量管理"一代宗师"爱德华·戴明（Edwards Deming）称为"完全过时的老古董"。有时候他也会咄咄逼人，在1997年关于全球经济变动的演讲中，他说："谁也不能确定未来10年会不会出现一个联合加拿大。"

这些演讲经常会提到18世纪的政治家或者是19世纪的小说家，彰显了德鲁克思想的博大精深。与此同时，德鲁克从来没有在这些细节中迷失，与现实脱节。1981年在纽约大学的一次演讲中，他呼吁道："请你们脚踏实地地集中在你们的问题上，因为我们已经故弄玄虚太久了。"

那些熟悉德鲁克作品的人一定会在这本演讲实录中找到熟悉的主题：自我管理、志愿者的价值、每一个组织都需要关注其绩效和成果。有时候，他会用演讲来测试、检验他的想法和思想，而这些后来都以某种方式出版，教室就是他著作的培养皿。

如果说本书有一条贯穿始终的主线，那么这就是德鲁克在半个世纪的职业生涯中所思考的一个问题：从制造工作向知识工作的历史转变。在这些演讲中，德鲁克从多个角度探索了使用我们的脑力而不是体力的含义。1957 年，他在一次国际管理大会上最早提出了著名的"用知识工作的人"的概念。

即使是那些非常熟悉德鲁克作品的忠实的信徒，也仍然可以在这本书中找到全新的顿悟，而不仅仅是一点惊喜。作为一名演讲者，德鲁克试图让自己的演讲不像写作那样正式。他为他的演讲注入了自己的风格，他会谈到自己的妻子多丽丝，还有他的孩子和孙辈。有时候针对不同的听众，德鲁克也会调整演讲的内容，使之更为生动有趣。例如，德鲁克对非营利的重要性侃侃而谈，但如果面对的是一群日本人，他就会调整例子以便日本人理解。

也许让这本演讲实录与众不同的，正是这些演讲的时间跨度，它恰好是德鲁克超长而多产的一生的写照。我把这些演讲按照每 10 年一个部分，分成七个部分。每个部分的开头我都撰写了简要的评述，试图让读者窥见德鲁克哲学思想的演变。

本书的第一个演讲是在 1943 年，当时德鲁克的演讲被一些宣传材料称为"具有启发性和高度信息量的"，但同时也是"脚踏实地的"，能够用"商人可以理解和欣赏的语言"来进行沟通。最后一个演讲，是在 60 年之后，也就是 2003 年所做的，依然展现了他相同的特质（尽管那时候德鲁克的听力已经开始下降）。

我选取的所有的这些演讲和谈话，都是在布里奇特·劳勒（Bridget Lawlor）的帮助下完成的，她是克莱蒙特研究大学德鲁克研究会的一位天才型档案管理员。我们仔细寻找那些还没有被发表，或至少是还没有以书的形式出版的演讲。然后，我对这些演讲进行了编辑，以使它们更为清晰，便于阅读。同时，我尽可能地减少这些演讲之间重叠的部分。你可能会看到一点点的重复，但是没有完全的多余部分。

有一些演讲是在正式场合发表的，德鲁克为此打磨过演讲稿，而大部分演讲是选自德鲁克在教室等非正式场合的录影带文稿。对这些文稿，我擅自去掉了很多冗余的部分，调整了结构，而且编写了新的承接部分。这是一次大型的手术，而不是简单的装扮，所以这些演讲最好被视为"改编自"而不仅仅是"摘录自"。

正统的德鲁克主义者可能会对这种方法颇有微词。任何想看到原稿的人，我们都欢迎你们来克莱蒙特查阅。我在这里想要做的是，尽可能地让这本演讲实录的读者拥有更好的阅读体验。同时，我也遵循了德鲁克的标准，德鲁克认为这个标准是每个经理人的首要责任，我觉得这对于任何一个编辑也同样适用，这个标准就是："最重要的就是不作恶。"

瑞克·沃兹曼

加利福尼亚克莱蒙特

瑞克·沃兹曼（Rick Wartzman），克莱蒙特研究大学德鲁克研究会的执行总裁。德鲁克研究会致力于推广已故管理大师德鲁克的学说，旨在通过提升有效管理和负责任领导力来促进社会的发展。

沃兹曼也是《彭博商业周刊》的专栏作家。在加入德鲁克研究会之前，沃兹曼作为记者、编辑以及专栏作家为《华尔街日报》和《洛杉矶时报》工作过20余年。

# 1

# 人类和国家的哲思

THE DRUCKER LECTURES

到 20 世纪 40 年代，许多帮助德鲁克形成核心哲学信仰的人生经历业已展开。其中影响最为深远的是纳粹，若干德鲁克的早年著作因冒犯了纳粹统治者而遭到禁止和焚烧。那时的纳粹铁蹄蹂躏整个欧洲，迫使德鲁克这个奥地利人在 1933 年逃亡英国，并于 1937 年移民美国。流亡英国期间，德鲁克在一次参加经济学大师约翰·梅纳德·凯恩斯（John Maynard Keynes）于剑桥大学的授课时，思想茅塞顿开，他说："我突然顿悟，我意识到，在这个课堂里，凯恩斯和其他所有优秀的经济学学生感兴趣的是商品的行为，而我却对人的行为情有独钟。" 1939 年，德鲁克写下了《经济人的末日》，探讨了欧洲法西斯主义兴起的原因。1942 年，德鲁克写下了《工业人的未来》，该书的核心理念是，现代企业必须在证明其权力和职权合理性的同时，为个人提供尊严、意义和地位，这些也是贯穿于德鲁克随后 60 年著作中的基本理念。1946 年出版的《公司的概念》一书则开启了新的篇章。在这本书中，德鲁克仔细地剖析了公司内部的运作，他认为通用汽车公司不仅仅是一家商业企业，也是存在于更大社区中的一个社会实体。然而在当时，这种对组织和管理如此深入的剖析并没有引起太多的共鸣，这些问题似乎介于政治学和经济学之间的蛮荒地带，鲜有前人探索。有一位评论家表达了他对德鲁克这样的"期待"，希望德鲁克"把他惊人的天赋贡献到更有意义的议题中"。幸运的是，德鲁克拒绝了这样的提议。

# 人类因何存在

来自本宁顿学院 1943 年的演讲，德鲁克于 1942 年在此担任教职

　　在西方历史中，从来没有哪个世纪像 20 世纪这样留给人类两次世界大战，却又让我们意识不到其悲剧性。历史练就我们对悲剧视而不见、充耳不闻，甚至否认它的存在。

　　大约 200 年前，准确来说是在 1755 年，里斯本大地震造成了 15 000多人的死亡，因而动摇了欧洲对传统基督教的信仰。当时人们百思不得其解，无法把地震带来的恐惧和全能仁慈的上帝联系在一起，对于如此巨大的灾难，人们找不到答案。今天，我们每天举目皆是种族屠杀、挨饿受冻的穷苦百姓，以及一夜之间被炸成废墟的城市。18 世纪人类无法用基督教的教义去解释里斯本大地震，而以 19 世纪的人类智慧和理性也没有办法来解释这些由人类自己亲手制造的灾难。然而，即使是现在这样的大灾难也没能动摇人们对社会制度乐观的信念，他们认为战争将会带来永久的和平与繁荣。当然，他们深谙战争的残酷，也会为这样的事

实出离愤怒，但是他们拒绝把这些看作灾难。

为了证明生命只存在于时间中的合理性，19世纪选择了掩盖悲剧真相，然而有一个基本事实是无法回避抹杀的，一个存在于时间之外的事实：死亡。死亡是独特的，无法将其一般化；死亡是个人的，也无法被社会化。19世纪的人类，竭尽所能地想剥离死亡所具有的个体性、独特性和定性的属性。死亡沦为了统计数据中的事件，是可以根据概率法则量化和预测的。人们刻意淡化死亡的结果以回避死亡这个议题。这便是人寿保险的含义，即承诺承担死亡的后果。人寿保险也许是19世纪形而上学派最具有代表性的制度，因为人寿保险"分摊风险"的承诺清楚地显示出这种企图的本质是要将死亡看作人生中的一件事，而不是人生的终点。

在19世纪发展起来的唯灵主义旨在通过机械方式控制死后的生活。然而，死亡依然存在。社会上把死亡视为禁忌，把谈论死亡视为失礼的行为，最好用"卫生的"火化取代那些恐怖的公开葬礼，把挖掘坟墓的人称为"殡葬师"。德国著名的生物学家恩斯特·海克尔（Ernst Haeckel）曾明确指出，达尔文主义生物学将会让人类长生不老。不过预言成空。只要死亡存在，人类就会超脱社会和时间而存在。

只要死亡存在，人生乐观的概念、可以通过时间到达永恒的信仰以及个人可以在社会中实现自我等，这些就只能有一个结果：绝望。人的一生中一定会出现这样的时刻，突然发现自己不得不面对死亡。而在这样的时刻，他完全是孤独、孤立无援的。如果他感到迷惘，人生就突然失去了意义。丹麦哲学家和神学家克尔凯郭尔（Kierkegaard）早已洞察了这种现象，并且预言这将导致"不想成为自身的绝望"。表面上，这个个体或个人或许可以从与永恒存在这种问题的遭遇中恢复过来，甚至有一阵子他会忘掉这个问题，但是他永远不会重拾个人在社会存在的信心，基本上他还是会处于绝望中。

如果要让人类以为只能依附社会生存，就必须向其灌输人难免一死的观念。而要达成这个目的，社会上唯一的方法就是：让个人的生命本身无意义。如果个人的人生只是茂盛大树上的一片叶子、社会躯体的一个细胞，那么个人的死亡就不是真正的死亡，只是整体生命中的一小部分，甚至不能再称为死亡，应该叫作集体重生的一个过程。当然，到时候人的生命也不再是一个真正的生命，只是整体生命中的一个功能性过程，除非是对整体而言，否则没有任何意义。

因此，你可以看到克尔凯郭尔在100年前就已经清晰地洞察到：如果乐观地认为个人只能依附社会而存在，必然会导致绝望，而绝望必定带来集权主义。你也可以清晰地看到，集权主义教义的本质不是如何生，而是如何死。要让人们不在乎生死，视死如归，就必须把个人的生命贬低到一文不值、毫无意义。这种人生在世要有意义的乐观主义信念，直接导致了纳粹的自我牺牲的光荣是一个人可以活得有意义的唯一方式。绝望成了生命的本质。

19世纪仿佛又回到了欧里庇得斯（Euripides）时代或罗马帝国晚期的异教徒世界，并且师从古人，把崇高的道德伦理作为人类存在的本质，来寻找生命的出口。那个时代道德文化和自由清教主义推崇的是耶稣是"世界上最好的人"，而19世纪的黄金法则和康德的"绝对命令"却最为人们所熟知。然而，正如2000多年前一样，这些同样没有为人类的存在提供根基。崇尚道德之士，追求清心寡欲的生活，这种信仰虽然为生命或死亡带来了勇气或坚毅，却仍然没有为生和死赋予意义。这种信念依然无效，以自杀作为最终的救赎就是证明，尽管对斯多葛学派来说，死亡是一切和所有存在的终结。克尔凯郭尔认为，这样的绝望更甚于乐观主义的绝望，他把它称为"想要成为个体的绝望"。

然而一般而言，伦理道德很少会导致崇高或者与斯多葛主义相一致的教义，而通常沦为包装在集权主义外面的糖衣；或者伦理道德又成为纯粹的情感主义——追随者坚信通过传播美好、理性和善良，必将建立和谐，消除邪恶。

无论如何，伦理道德一定会退化到纯粹的道德相对主义中。因为如果从人身上可以找到美德，则所有被人类接受的事物必须有美德。那么，175 年以前卢梭（Rousseau）和康德所建立的、人为的绝对的道德标准就会被约翰·杜威（John Dewey）伦理道德的可能性所彻底推翻。因此，伦理道德无法带领人类脱离绝望。

那么，我们的结论是否就是人类的存在不可能摆脱绝望和悲剧？果真如此的话，东方世界的圣贤先哲才是真理，他们所看到的自我毁灭、进入涅槃和虚无才是唯一的答案。

克尔凯郭尔的真知灼见提供了最终的回答。人类的存在不在于悲剧，不在于绝望，而是存在于信仰中。罪恶（完全沿用社会惯用说法）的反义词不是美德，而是信仰。

信仰就是相信上帝无所不能，认为上帝永垂不朽，而且生和死都是有意义的。在我个人最喜欢的一本克尔凯郭尔的小书《恐惧与颤栗》（1843 年出版）中，克尔凯郭尔提出了这样一个问题：亚伯拉罕愿意牺牲自己的儿子以撒，这和一般的谋杀又有什么不同？

　　如果两者的区别只是在于亚伯拉罕并没有真心想牺牲自己的儿子，只不过是想一心一意地表达自己对上帝的卑从，那么亚伯拉罕确实不是一个谋杀犯，而是有着更为可耻的行为：一个卑鄙的骗子。如果他不爱以撒，对以撒的生死漠然，那么他则更愿意成为一个谋杀犯。但是亚伯拉罕是一个圣人，必须全心付出去执行上帝的旨意，而且他爱以撒远胜过爱自己。但是，亚伯拉罕有信仰，他相信上帝是无所不能的，他可以执行上帝的旨意，也可以保住以撒。

　　如果你读《恐惧与颤栗》这本书，你就可以从译者的引言中发现，克尔凯郭尔以象征性的手法来触及他内心深处的秘密：他伟大的和悲剧式的爱。他先谈及自己，然后又谈及亚伯拉罕。但是这个象征性自传体的含义只不过是书中的一个小插曲，书中主要传达的是：信仰是人类存在的真实和普遍的意义，唯一的意义。只要拥有了信仰，个人就是整体，不再孤立，就变得有意义并且拥有了绝对的价值，因此信仰才是真正的道德。有了信仰，就与从事慈善事业一样，存在于社会才变得有意义。

　　这种信仰并不是我们今天所谓的"神秘体验"，那些我们显然可以通过正确的呼吸练习、禁食、食用迷幻药品，或是长时间沉浸在巴赫的音乐中就拥有的体验。信仰只有通过经历绝望、悲剧、长时间的痛苦和不停的挣扎才能够获得。信仰不是非理性、情绪化、感性或自发的，信仰是经过深思和学习、严苛的纪律、完全的清醒和坚定的意志才能获得。只有少数人可以得到真正的信仰，但是我们所有人都应该去努力寻找。

　　以上就是我个人的浅显见地，如果大家想进一步深入了解宗教经验的本质、追寻的方法或者是信仰本身，你就必须去读克尔凯郭尔的著作。

即便如此，你可能会说我试图把你带上一条我自己还不甚了解的道路。你可能会指责我想把克尔凯郭尔的理想社会当成真实的且有意义的，而他本人对这一点却是拒绝的；你甚至还可能会说我没有能把信仰和社会存在联系在一起。这样的指责和抱怨很可能是正确的，但是我并不会为此困扰，至少我已经达到了这次讲话的目的。我想展示给大家的是，有一套哲学可以帮助人类愿意面对死亡，存在这种哲学的可能性是有的。不要低估了这样一套哲学的力量。在我们生活的这样一个民不聊生、灾祸横行的年代，死亡是件伟大的事情。但是这还不够，克尔凯郭尔的哲学允许人类死亡，但是他的信仰也使得人类可以活着。

# 国家的神话

来自 1947 年在本宁顿学院的演讲

　　"神话"这个词非常古怪。字典对于神话的定义是，"传说或者虚构的故事，经常以超自然的力量来解释自然现象"。从字面上解释，这个定义是正确的，至少达到了字典所应该达到的"正确"的水准。在座各位不妨自己测试一下，看看这个神话的定义和我们今天要讨论的主题"国家的神话"在多大程度上是契合的。

　　然而，神话的宣传目的和修辞学上所强调的定义和我们今天要谈到的神话正好相反。标准定义所传递出的仍然是这样的含义：神话是愚蠢的封建迷信，是老妇人的故事。往好里说，神话是无伤大雅的奇幻故事，是孩子们或者疲惫的商人闲暇时的消遣；往坏里说，神话则是贪婪的牧师、充满权力欲望的政客以及无情的资本家等欺世盗名之徒编造出来的故事，用来恫吓那些无知和愚昧的人们，使他们无条件地服从、奉献和牺牲。

我并不是要讨论不能误用或者滥用"神话"这个词，事实上，在谈论"国家的神话"这个议题时，最主要的问题正是：怎么才是正确合理地使用神话？那些蛊惑人心的政客和愚民的独裁者又是如何滥用这个词的？但是，我们并不是要谈论神话的迷信或者乡野传说色彩，而是要讨论神话真实又理性的一面：神话是人类共有经验的象征性的表达。

神话的含义重新被诠释，也代表着基本的哲学信念和信仰，尤其是人性观念的彻底改变。从一种把人类视为理性的，而其他方面（如身体、情感和经验）是幻觉或缺点的哲学，转变为再次把人类作为一个整体来看待的哲学。

即使 18 世纪极端的理性主义者，也认为神话代表的是经验，神话表示的是我们所知道的，而不是我们能演绎推导或者证明出来的。经验不是理性，经验只是经验。对于笛卡尔哲学及其推崇者以及德国的唯心主义哲学家来说，事实、真理以及逻辑只能存在于理性中，理性只能应用到本质是理性的事物中。从理性的真实到经验的虚幻之间没有任何可以沟通的桥梁。经验不仅仅是非理性，根本就是不理性。而神话是最糟糕的：根本就是个谎言。

神话披着理性的外衣，解释非理性的经验。从理性主义者或者唯心主义者的观点来看，这就是罪大恶极的犯罪，是欺骗，唯一的目的就是奴役理性。

然而，当我们再次把人类看作一种生物的存在，不是具有理性的独立个体，神话就成了重心，以理性包装人类经验，因此可以合理解释和分析人类经验，以及可以批判、指导和改变人类对于经验的反应。此时，神话不再是不理性，反而是理性催化剂，在经验和理性之间架起了桥梁。

　　神话使得我们可以用合理和有意义的方式整理经验并成为一种仪式，使得我们可以用理性来指导和决定我们对经验的反应。神话让我们知道我们从经验中可以得到什么，然后采取理性的行动。如果我们不用理性指导行动，那么神话就仅仅是迷信。如果没有神话，我们将成为恐惧的奴隶，神话让人们活得心安理得，让人们从难以理解的莫名恐惧中将理性解放出来。

　　正因为神话真实、重要又如此有力，所以我不得不提醒："小心神话。"作为所有仪式和制度的基础，神话的真实性和真实地被叙述是非常重要的。一个虚假的神话，或者刻意歪曲的神话，不但邪恶，而且颇具毁灭性。但是你也许会问，难道神话还有真实和虚假之分？把哲学或者道德价值观术语直接套用在经验上，这难道不是自相矛盾吗？但是，神话不只是经验，神话是经验的象征性的表达，这意味着神话本身已经是人们的意识、理性和信仰的产物，神话也反映出人类的经验和经验的真实意义。这让神话更具有说服力，也让以神话为名的行动或者仪式更加名正言顺。

　　也许你会说，只有经得起时间和现实考验的神话，才能流传下来。神话如果无法合理呈现人类共同的经验，就难以长期流传。神话总是能够反映正确的问题和正确的纷争，但是却无法总是提供正确的答案。事实上，神话完全没有答案。答案在于人们对神话和经验的解释，简而言之，就是通过哲学和神学这两个学科来分析、解释和批判基本神话。这些答案有可能是正确的，也有可能是错误的，这完全取决于哲学家和神学家的原则、方法和目的。

　　说到这里，大家也许已经了解到了今天的主题"国家的神话"的内容。首先，提出国家神话的人和我所指的"国家的神话"概念有所不同。相反，他们所谓的国家的神话是指根本没有国家这回事，只有独立存在的个体，认为国家的存在不但是谎言，而且会产生恶劣的后果。然而，国家是一个我所谓的真实的神话。

　　大家都有过隶属于一个团体的经验，体验过团体的真实存在，你甚至可以说，团体具有一个形体，就像我们每个人一样。我们同样知道，在有些情况下我们感觉到这个所谓的"团体"比个人更真实、更具有生命力，个人甚至愿意为了这个团体能够活下去而自我牺牲，这无法用理性证明，充满了矛盾。你也许试着从理性的角度来解释这种现象，国家犹如家庭中母亲照顾婴儿的生物本性，或者从功利主义那种半条面包好过没有面包的角度来诠释这种现象。然而，这些解释大多牵强附会，你根本无法用理性去解释所谓的"效忠"这样的经验。你只能否认这种基本经验的存在，这只是个人行为，但是这和否认人类其他的基本经验（如身体感觉）一样没有意义，同时，这也无法合理解释一些政治现象和行为。如果你对政治感兴趣，就一定要接受组织团体是人类生活基本经验的事实，必须承认国家的神话是真实的神话，是象征性地表达人类共同的真实的经验。

　　即使是按照前面引述的字典的定义，国家仍然是一个真实的神话："传说或是虚构的故事，经常引用超自然的力量解释自然现象。"虽然美国建立了山姆大叔的形象和国旗的象征意义，但这和我们的祖先创造玉米神和橡树神的意义大同小异，我们并没有刻意把国家人格化为超自然现象。然而，即使没有把国家人格化的外在形式，我们内心仍然把国家看成一种超自然的形体。国家永垂不朽，虽然看不见、摸不着，但是我们仍然赋予国家真实性，创造了一个超自然的隐形主体。然而，这并不像理性主义者认为的，我们对付的只是迷信，迷信早已经不起逻辑和理性的考验而销声匿迹了。相反地，这代表我们对抗的是现实，而且即使以理性看待神话也是合情合理的。

因此，质疑国家是否存在或者是否应该存在是没有意义的。国家神话的存在是一个不争的事实，唯一值得我们关心的是：我们应该有哪一种神话以及我们应该如何诠释神话，才能拥有一个真实的神话和真实的国家？

人们经常用间接的方式给出答案——改变神话的名称，以其他名称取代国家：部落、社会、法律、民族和种族等。当然，不同的新名称有着不同的内涵，具有不同的宣传目的。但是，新名称不久之后又会引发相同的老问题，解决的根本方法是再创造一个新的名称出来。因此，我们总是被迫苦思冥想，自己找出答案。

苦思神话的答案是很重要的工作，或是研究政治哲学多年的唯一课题，因此，大家不要奢望我能在今天所剩不多的几分钟内给出答案。

不过，我隐约地认为，要真正解释国家神话，绝对必须正视某些事实。首先，有组织的团体绝对是真实而非虚构的，是主要的经验，而不是推导、衍生或次要的经验。人类是天生社会性动物，人是天生的"政治动物"（zoon politikon，亚里士多德对社会性或政治性动物的用词）。人类无法脱离团体而存在，任何对于神话的诠释如果不接受这一点，都是无效的、不真实的，而且会导致后患无穷。

其次，虽然国家神话是事实，也就是把共同经验合理化，但也同时显示出人类并非全然都是政治性动物，人类的存在并不受制于其所属的团体。蚂蚁和蜜蜂与人类一样都是社会性动物。一只蚂蚁或者蜜蜂甚至会推翻蚁群或者蜂群的统治者，建立自己的统治地位。但是，只有人类能够改变团体本身的秩序，只有人类才有国家的神话。因此，人类未必总是依附在团体中的政治动物，他也可以是脱离团体而存在的个人。

最后，国家神话总是强调不得属于或者效忠其他团体。国家神话一方面建立团体仪式，带领团体行动，同时也排斥其他团体的仪式，反对其他团体的行动。这是呈现人类共同经验神话的普遍现象——不论是黑色人种、棕色人种、白色人种，还是美国人、俄罗斯人或南非的霍屯督族人<sup>⊖</sup>（Hottentot）。这也很清楚地显示出，人类的政治经验和人类存在的其他重要经验，基本上是相似的。

我个人认为，除非国家神话能够容纳不同团体间独立存在的事实，否则就无法成为真实的神话或合理的解释。而且，除非国家神话能呈现出共同的人性，否则也无法成为真实的神话。具体而言，国家神话如果要成为真实的神话，能被合理地诠释，就必须象征性地呈现人类存在的多样性。根据最近的分析，神话的基本目的是象征性地表达出人类天性的双重性——是动物也是个人，这就是所有神话的根本目的。

---

⊖　一个来自南非的原始族群，主要分布在纳米比亚、博茨瓦纳和南非。

# 2

第二部分

## 持续充分就业

经济史学家小阿尔弗雷德·D.钱德勒（Alfred D. Chandler Jr.）曾经形容 20 世纪 50 年代是"资本主义的黄金时代"。这期间，美国大型企业"把知识密集和资本密集的新技术，充分应用在化学、医药学、航空器材和电子产品领域"，因而带动整个美国经济成长。我们很容易把这个创新清单再加上一个新科学——管理学。大家公认德鲁克是"管理学之父"。他在 1954 年出版的《管理的实践》一书中引导无数的经理人思考最基本的问题："我们的事业是什么，我们的事业将是什么，我们的事业究竟应该是什么""目标管理和自我控制""组织的精神""激励卓越绩效"。数年以后，当管理学学者吉姆·柯林斯在研究富有远见的企业，比如通用电气、强生、宝洁、惠普、默克和摩托罗拉时，深入挖掘了这些企业的背景，他发现到处都有德鲁克的"智慧痕迹"。"戴维·帕卡德（David Packard）在惠普初创时期的笔记和演讲处处闪现着德鲁克的精神，"柯林斯说，"我仿佛看到了帕卡德手里拿着德鲁克的经典著作在布道。"德鲁克自己说，经过 10 年的顾问和教学生涯，他只是以一本《管理的实践》来填补管理学的空白。没有类似的作品出现过。"于是我准备写一本书，而且非常清楚，这本书将为一门学科奠定基础。"10年以后，德鲁克创造了一个新的术语"知识工作者"。从此以后，他用心思索知识如何取代土地、劳动和资本而成为"重要的生产要素"。

# 持续充分就业的问题

来自 1957 年代表美国出席第十一届巴黎国际管理大会时的演说

今天工业经济具有三股力量，对持续稳定的就业产生压力。

- 第一股是社会压力，尤其是来自有组织的贸易工会。有人认为，在工人关心和期待的事情中，给予他们稳定的就业是第一要务，这样做是天经地义的。这种看法在美国有很大程度上的夸张，实际上工资水平、工作时长和培训机会的重要性，并不亚于工作的稳定性。说到天经地义，实际上也是言过其实，稳定就业不过是工人近来才关心的议题。30 年前，工资和工作条件无疑才是工人心中的第一要务，也就是在一代人以前，工人丝毫不关心稳定就业这个问题。换句话说，工业社会让工人的目标和期待发生了根本性的变化——这种变化不仅是管理的机会，也是管理面临的挑战。

- 第二股维持持续稳定就业的主要压力，来自制造和配送的现代生产技术的提升。由于现代的工厂和商店有着高度资本化的趋势，生产设备缺乏弹性，不能很好应对短期的需求波动。具体而言，只要生产设备继续运作，不管生产多少，就必须维持绝大部分的人力（管理人员、技术人员或者专业人员）的工作。换句话说，劳动力成本已经从"可变成本"变成"固定成本"。

- 第三股，就长期而言，可能是最为重要的一股压力，来自企业所雇用的员工逐渐转向训练有素、专业和管理型的员工。企业对于员工的需求，迅速从以劳动为主转换成以知识工作为主，不管是对熟练工人还是非熟练工人的需求。这种劳动力是企业多年训练和培养的结果。让原本的工作无论从知识、经验还是技术方面都是无可取代的。企业培训这些员工所投入的资金，虽然用传统会计概念来看是隐性的，但是通常会高于在机器和工具方面的人均投资。相反，企业必须努力留住这样的员工，一旦解雇，他们就再也不会回来。

总而言之，我们可以说当前维持持续稳定就业的主要动因，来自社会压力和强势的工会，而未来的压力将逐渐来自企业自身，而且清楚地反映在对技术、经济和人力的需求上。像美国这种高度发达的国家，或许再过 10 年就会感受到这种压力。

这几股压力所产生的问题可以总结为以下四点：

- 如果要维持就业，那么面临经济周期性波动时，企业如何确保财务的安全性和稳健性？

- 稳定的就业或者是稳定的收入政策，可能对生产率产生什么样的冲击和影响？

- 如何在维持稳定就业的同时，又能避免阻止经济的稳定、发展和成长。尤其是，如何既能维持稳定就业，又不会造成通货膨胀的压力？技术革命到来时，是否会影响经济体和员工的应变能力？我们如何才能避免借稳定就业之名阻止技术进步和技术革新？

- 维持稳定就业会对经济体内部员工的流动产生什么样的影响？它是如何影响个人机会和个人自由流动的？员工会不会因为就业保障，即使有更能发挥个人所长和成长的机会，也不愿意去尝试，而是选择安于现状呢？

到目前为止，美国只考虑过上述第一个问题，而且还是非常肤浅的讨论。我个人认为，这绝对缺乏广阔的眼界和方法策略，在未来10～20年，其他三个问题的重要性也将会日益凸显。这三个问题潜伏的困难和危险，绝对不小于大企业的偿债能力和财务安全，虽然后者还是更为重要。

一般而言，美国采取三种重要的策略以提供持续稳定的工作。这三种策略主要针对一般员工，尤其是隶属于工会组织的员工。

第一种策略，尽量让一个公司运作经营得更为稳定。这里有几种方法，通常可以同时使用。第一种做法，也是最简单和最有效的方式，稳定相对不受商业周期和客户需求波动影响的内部经营。一个例子是维护铁路方面的支出，铁路是生产性资产，必须维持其完好无损且正常运作。实际上，在经济不景气的时候做维护工作是最有效且成本也是最低的。因此，能稳定这类内部经营将会皆大欢喜，也有助益企业本身的利润。

第二种做法，通过调整内部运作（如利用维护工作），消除就业波动，来应对市场和消费者的需求变动。美国早年间的"就业保障"就是采取了与此类似的做法。例如，在荷美尔公司（Hormel），维护工作都推迟到市场不景气的时候，工厂工人都转而去做维护工作，这种做法或许比较可行。

第三种做法，对于短期能够预期到的波动，可以直接应对，继续维持生产而不管这样的经济波动，直到经济再次回归平稳。对于单个企业来说，这种做法可能比把工人在生产和维护之间转换来转换去更为可行。

第四种做法，类似确保企业的内部平稳经营，就是避免企业本身需求波动所造成经济波动。这种做法和消除企业本身的需求波动无关，主要是解决经济中的就业稳定问题。实际上，美国过去几年稳定的就业状况，主要得益于越来越多的企业采取长期性的资本投资计划。

第五种做法，企业可以创造本身市场的稳定需求。企业可以有计划地拓展市场，预测市场的变化，有组织和系统地创新和改进定价策略，从而创造消费者对企业产品的持续需求。不过，这必须是以经济扩张为前提，而且会涉及企业风险承担。同时，这必须以系统和科学化的企业管理为基础，也必须依靠创意和积极的营销活动。

最后一种做法的风险在于，可能必须人为地制造垄断和市场限制才能达到预期的效果。因此，必须强调的是，在现代技术的条件下，想要没有竞争风险和积极的市场创新就得到稳定的市场，基本上是行不通的。

在美国，提供持续稳定就业的第二种基本策略，是通过向他们保证他们就业岗位的一个工作偏好。在很多情况下，这就等同于一个完全的就业安全保证。当然，这意味着"年资"的重要性，解雇或者遣散员工的决定是根据这个员工在该企业的服务年限做出的。

美国产业中的年资条款内容可谓五花八门，是由各个产业工会协议来设定的。同样，没有工会的产业也有年资条款，主要依据业界惯例而不是合约，但是同样具有高度的约束力。如前所述，这意味着只要在某个公司或者某个行业工作 2～5 年（这部分员工约占 2/3），只要公司持续运作，他们就享有工作保障。

各种年资制度的弊端众所周知，在此不做过多论述。然而，很少有人知道年资制度是保证就业的原则，而且效率很高。

第三种策略是最近几年才发展起来的，不是为了保证就业，而是为了维持薪资。过去几年内对美国产业产生深刻影响的各种所谓"失业福利补贴计划"，都是出于这样的目的。第一个类似的协议是 1955 年春天在全美汽车工人联合会（United Auto Workers）和各大汽车生产厂商之间签订的。

年资制度在西方国家至少已经有百年历史。除此之外，在处理维持稳定就业的议题上，美国与其他国家的政策相比有很大的差异。其中最大的差异在于，美国处理这类问题是由私人企业和个别工会进行私底下的协商。像意大利和英国等国家，则是通过社会立法或政府监督来落实。

此外，美国政策的另外一个基本特色是，保证稳定收入逐渐取代保证就业——至少针对一般员工而言——是我们努力的中心。尤其像铁路这种产业，并没有为了保住工作，而试图拖延、阻挠技术或惯例上的进步。

在某种程度而言，这些特点代表的是典型的美国经济状况和劳资关系。这不仅对美国是重要经验，对其他国家来说也是如此。

首先，这些经验显示，美国的工会也同样在学习。技术进步和生产率提高并不等于工作机会的减少，反而增加了就业机会。当然，这并不是表示"技术性失业"不存在，只不过是这种问题无足轻重，不至于让人担心。此外，根据美国的经验，生产率的提高通常代表对劳动力需求的增加而不是减少。

不过，这代表工作需要比较熟练的技术或知识。换言之，劳动力水平提高这种情况，在转型到自动化过程中特别明显。根据我们的经验，落实管理、训练员工承担技术进步所带来的新责任，不但能够提升生产率、收入和增加工作机会，这种稳定就业的建设性做法，也是保证工作甚至保证收入无法替代的。事实上，试图利用保证就业或者保证收入维持稳定就业，将是严重且危险的错误做法。

美国政策第二个特殊的经验是，让"技术性失业"噩梦成真的最简单方式，就是阻挠技术变革。如果阻挠技术进步，一旦技术变革势在必行，就是一场灾难的开始。

最后，美国的政策不禁让我们怀疑，美国"就业保障"制度有一些夸大其词，并不像一般人认为的那样有效。以此来推论，任何计划致力于发展经济的国家也是一样。

研究显示，即使在经济大萧条时期，甚至在生产和就业极速下滑的1937～1938年，绝大多数企业70%的员工也没有失业的担心，甚至不需要担心沦为短期工，除了一两个星期短暂的时间之外。换个说法，即使是经济大萧条期间，美国仍然有一个严重的"流动率"的问题，就是尽管员工普遍担心饭碗不保，但还是有人自愿离职。

换言之，当务之急不在于把原本就业不稳定的产业，转型成为稳定的产业。现在的就业状况已经相当稳定，我们应该积极宣传并加以制度化，由此提升个体企业、加强经济，并提高生产率以及增加个人的机会和自由。

# 3

# 技术革命与大型组织管理

THE DRUCKER LECTURES

德鲁克传记的作者杰克·贝蒂（Jack Beatty）曾经写道，尽管德鲁克 1968 年的《不连续的时代》一书标题具有"刺激性"，但是对那个时代最具轰动性的事件——学生示威游行、民权运动以及越南战争——却几乎是只字未提。然而，他补充道，《不连续的时代》"是一本不折不扣的 20 世纪 60 年代的书，揭示了隐藏在表面之下的真相和趋势中的趋势"。尤其是，德鲁克记录下了当时没有被多少人注意到的"社会和文化现实"的变化，而这些变化几乎是"重塑和打造了 20 世纪最后的数十年"。德鲁克说，"新的产业已经隐约浮现"，这个新产业就是所谓的"信息系统"。"便宜、可靠、迅速且普遍获取的信息所产生的影响"，他写道，"将不亚于电力的发明所产生的影响。以后几年，年轻人将把信息系统当作普通的工具来使用，就像他们使用打字机或者电话。"当然，那个时代除了德鲁克之外，几乎没有人能看到这些。然而，德鲁克不仅有真知灼见，而且是相当务实的，这个特质在他 1967 年出版的另外一本经典著作《卓有成效的管理者》中得到了很好的体现。通过教授时间管理的原则、决策的要素和打造个人竞争优势，德鲁克展现出在不同层面中分享其洞见的能力，他的重点不是整个社会或者组织，而是努力"管理自己"的个人执行者。

# 第一次技术革命及其省思

来自 1965 年担任旧金山科学技术史协会主席时的演讲

　　人们意识到身处技术革命的浪潮中，开始越来越关心技术对个人的意义，以及对自由、社会和政治制度的冲击和影响。虽然技术引领人类迈入美好的世界，但是人们不免担心被技术奴役，孤立自我、疏离社会，甚至摧毁所有的人类和政治的价值观。

　　虽然现代科技突飞猛进，但其对于人类生活的冲击和影响，却远不及 7000 年前的第一次技术革命，7000 年前人类建立了第一个伟大的文明——灌溉文明。灌溉文明开始出现在美索不达米亚，然后是埃及、印度河谷，最后是中国。这些地方出现了全新的社会和全新的政治组织：灌溉城市很快就成了灌溉帝国。人类生活和谋生方式的变化，甚至我们今天所经历的变化都无法同这次革命相提并论，灌溉文明彻底改变了人类社会和人类社群。实际上，灌溉文明是历史的源头，不仅是因为灌溉文明带来了文字，而且也是因为灌溉文明时代是一个技术创新时代。一直到了 18 世纪，技术、工具和过程的创新，在规模和影响上才足以与这一次技术创新相抗衡。的确，就对人类生活和社会所产生的影响而言，直到 18 世纪才掀起了另外一次科技革命。

然而，灌溉文明不仅是一个伟大的技术创新的年代，同时也是人类社会和政治创新成果丰硕的时代。历史学家的观点倾向于认为，古希腊、圣经旧约或者中国早期的朝代是人类信仰和思想的起源，甚至在今天仍然发挥着影响力。但是，人类的基本社会和政治制度早在这些哲学思想形成之前就已经存在了数千年，早在灌溉文明发展的初期就孕育成型了。只要是对人类社会和政府制度或者社会和政治变迁过程感兴趣的学者，都越来越多地追溯到早期灌溉城市的发展。在过去 50 年中，由于考古和语言学的突破性进展，人类得以掌握灌溉文明更多的信息，能够追本溯源，对于古代社会和现代社会都有了更为深入的理解。

灌溉城市首先将政府发展成为独立和永久性的组织。更为基本的是，灌溉城市首先将人类孕育成一个公民的概念。灌溉城市必须突破族群和宗族的藩篱，把不同种族和血统融合成为一个社群。灌溉城市也最先发展出了常备军。这是必然的结果，因为手无寸铁的农民既无抵抗能力也很脆弱，更为重要的是农民无法流动。

灌溉城市首度形成了社会阶级。灌溉城市需要永久从事生产城市赖以生存的农产品的人，需要农民。城市需要士兵保卫它，也需要统治阶层——最早的都是祭祀阶层。直到 19 世纪末，这三种阶层仍然被视为一个社会的基本结构。但是与此同时，灌溉城市也走向了劳动分工，出现了各种工匠（陶艺工匠、纺织工匠、铁匠等）和专业人士（文书、律师、法官和医生）。除此之外，由于生产有剩余，还带动了有组织的贸易行为。不但商人阶层兴起，货币信用的观念也应运而生，而且法律也超越了城市，为异乡商人提供公平、保护和可靠的保障。

灌溉城市首次系统和制度化地建立了知识。这既因为灌溉城市需要大量的知识来维护和建设复杂的工程，管理其重要的水供给，也需要知识管理复杂的经济交易，这些交易跨越数年，区域涵盖数百英里<sup>⊖</sup>，灌溉城市需要对这些交易进行记录。当然，这也就意味着文字书写的兴起。灌溉城市需要天文资料来制作日历，也需要导航技术才能横渡浩瀚的大海和无垠的沙漠。因此，灌溉城市必须整理所有重要的信息，然后编撰成为可以传授和学习的知识，结果诞生了学校和老师。

最后，灌溉城市造就了个人。在城市以外的地区，只有部落的存在，即使时至今日，这种原始部落依然存在。在部落中，个人的角色无足轻重，很少被看到。然而，在古代的灌溉城市兴起后，个人自然而然成为焦点，不但出现了怜悯和公正的概念，也出现我们所熟悉的艺术、诗人以及宗教和哲学家。

这些不过是我的粗浅概述。我想强调的是，灌溉城市已经具备了"现代化"城市的基本原型，即使是到了今天，人类历史也早已被5000年前的灌溉城市所奠定。实际上，我们可以认为过去5000年的人类历史，就是灌溉城市的社会和政治制度向外的拓展史，换言之，就是拓展到全世界水源最符合系统化耕种的地方。

灌溉文明是基于一项技术革命而诞生的。公正地说，灌溉城市可以被称为一个"技术政体"。所有的制度都是应对新技术带来的机会和挑战而产生的，基本的目的都是使新技术带来更高的生产率。

---

　　⊖　1 英里 = 1.6093 千米。

　　那么，此刻人类正面临新一波的工业革命，我们能够从第一次技术革命中得到什么启示呢？技术革命对人类、社会和政府又会造成怎样的影响？灌溉文明的故事是不是说明了，人类社会是由技术成就所决定的，人类社会是受到技术的奴役和压迫，还是人类能够主宰技术，善于用技术和工具来谋求自身的福祉？

　　毋庸置疑，重大的技术革命必然产生对社会和政治创新的需求，同时也会让现有的一系列组织制度过时。新的技术要求有全新的社群、社会和政府制度。因此，我们可以断言，面对汹涌的技术革命，人类必须创新——尤其是社会和政治的创新。

　　换言之，第一次技术革命带来的启示就是，新技术创造了历史学家和哲学家所谓的"客观事实"。客观现实必须根据实际状况做出应对。例如，第一次技术革命过程的客观事实是，人类生存空间由"栖息地"转变为"定居地"，也就是永久生活在固定的地方，这完全不同于游牧民族的逐水而居，或者原始部落的田野狩猎。单就这个客观事实而言，部落这种组织方式已经不合时宜，必须创造一个永久的、中立的、强有力的政府。

　　然而，灌溉文明的另外一个启示是，新的客观事实只能决定解决问题方式的总体参数。灌溉文明决定了新制度出现在哪里，而不是需要什么样的新制度。这里并没有什么必然出现的东西，对于新问题的解决方法可以是多种多样的，新制度的目的和价值观也无定论。甚至是在旧世界（Old World）中，灌溉文明之间也可以相互借鉴学习，然而在实际做法上存在巨大的差异。尽管这些古代的灌溉城市都面临类似的问题，也发展出了类似的组织制度，但是解决方式却不尽相同，因地因人因时而异。

这些灌溉文明都发展出了中立的官僚政府：如果没有政府，城市将难以发展运作。"近东"（Near East）地区的古代政府，虽然盘剥人民，但是同样起到了维护正义和保护弱势的作用。从一开始，近东地区就认为伦理道德是政府的根基。然而，在埃及却没有这样的观念，从来没有人质疑政府存在的目的。

个人意识首先出现在埃及，从留存至今的许多雕像、画像以及许多抄写员和行政人员等专业人士所撰写的文字中，我们可以找到证明，这些大多是贡献卓越的个人和地位崇高的领导人。但是，在短暂的强调个人主义的一段时期之后，埃及又恢复了对个人主义的压制（这或许是废除传统多神教的法老埃赫那顿为了镇压危险的异教徒）。埃及进入中王朝和新王朝（Middle and New Kingdoms）时代之后，再没有个人留下他们的记录，或许这也是这段时间乏善可陈的一个主要原因。

其他地区则出现了两种截然不同的观念。一种是美索不达米亚和道教所提出的，我们称之为"人格主义"，日后的希伯来预言和希腊戏剧作品，也都具有类似的浓厚的个人色彩。这种观念强调的是充分发展个人的能力。另外一种观念，我们可以称之为"理性主义"（rationalism），由儒家发展并发扬光大——目标是培养个人的言行思考，符合预设的完美规范。至今，我们的教育理念仍然受到这两种观念的影响。

再以军事为例，组织性防卫体系是灌溉文明的必然产物。但是，出现了三种不同的军事制度：由生产阶级农民纳贡来支撑的独立的军人阶级、征召农民成立的民兵以及雇佣兵。

虽然所有的灌溉文明都有阶级组织，但是不同文化的差异巨大，即使相同的文化，在不同时期也有不同的阶级结构。灌溉文明下，既有完全缺乏阶级流动的、永久的种姓制度，也有为有天赋和才干的人提供了大量机会的阶级流动性极高的社会制度。

灌溉文明发展数千年以来，人类再度面临与祖先相同的状况。现代的技术创新，不论是速度还是范围，都已经达到革命性的地步。尤其是，现在和7000年前一样，世界各地的技术发展逐渐融合，形成了新的人类环境。这是从第一次技术革命到200年前的技术革命之间，从来没有发生过的情况，而且至今我们仍然在摸索前行。

因此，我们现在肩负着重大的责任，需要找到适合的政治和社会创新。我们必须竭尽所能，应对技术革命所带来的新需求和新能力，发展出一套全新的组织和制度。然而，最艰巨的任务在于，新的组织制度必须融入人们所信仰的价值观和对正义的渴望，同时也满足人类对于自由、尊严和目标的追求。

如果第一次技术革命时代的饱学之士，例如，一个受过教育的苏美尔人或古中国人，穿越到现代，也会被我们今天的科技所震惊。但是我可以确定的是，他对于现在的社会和政治制度会有似曾相识的感觉。毕竟，现在的制度基本上是承袭了我们老祖宗的智慧。

而且我可以肯定的是，穿越而来的饱学之士，看到现代人对于技术究竟是天堂还是造成了"疏离""技术性失业"等问题的争论，会报之以会心一笑。他也许会自言自语："我可是过来人。"他也可能对我们说："你我都经历过技术革命的大时代。技术革命既不是狂喜的时代，也不是绝望的时代，这是一个需要努力工作和承担责任的时代。"

# 大型组织的管理

来自 1967 年在科罗拉多州埃斯蒂斯公园（Estes Park）对 YMCA 管理者的演讲

　　人类进入 20 世纪的历史是否已经足够长到可以让历史学者开展研究？对这个问题大家的观点并不一致。不过，如果后世的史学家研究今后的一二百年，一定会把重心放在我们这个疯狂的年代人们几乎没有注意到的地方。他们可能会认为，大型组织的出现是 20 世纪的大事件，大型组织就好像人体的某个重要器官，在现代社会中完成几乎任何一项社会工作。

　　如果我们回溯到第一次世界大战前夕的 1913 ～ 1914 年，这段时间依然记忆犹新，当时社会上很多人对于大型组织一无所知。大多数人和大型组织从未有过任何瓜葛，也没有见过，对于大型组织的理解和对于猛龙、怪兽、海怪或者其他存在或者不存在的奇闻奇事的理解相似。

　　现在美国基督教青年会（YCMA）每年的支出，比第一次世界大战前美国政府的总预算还高。但是即使预算超过 2 亿美元，以现在的标准而言，还是没有资格被称作大型组织。我不知道有多少人了解，刚刚击败阿拉伯世界的以色列军队——人口只有 250 万的以色列军队，集聚的火力是 1914 年横扫欧洲的德意志帝国军队的 20 倍，每一位以色列士兵配备的火力是 1914 年每个普鲁士士兵的 2000 倍。当时全球没有学生人数超过 5000 人的大学，只有柏林大学和东京大学的人数接近 5000 人。当时几乎所有的专家都认为，这种规模已经大到无法管理的失控地步。

我想大家可能知道，1911 年，美国最高法院把当时最为庞大的商业组织标准石油公司（Standard Oil Trust）分隔成 14 个子公司。然而到了 1940 年，这 14 个子公司不论从雇用人数、资本还是销售额来说，都远远超过其母公司。而且当时分隔出来的企业中，只有 3 家是石油公司，其他的 11 家都是一些规模很小且无足轻重的小公司，然而这些小公司却也发展成了令祖父辈瞠目结舌的"八爪鱼"。

然而，比组织规模膨胀更值得注意的是，这不是某个领域特有的现象，而是普遍的现象。我们通常对"小型企业"的定义是员工人数在 300～400 人，这已经是让我们的祖父辈认为难以管理的规模了。19 世纪 80 年代，没有人能够想象出如此庞大的组织规模，甚至到了 1914 年，大多数的经济活动仍然属于家族企业或小型合伙企业。狄更斯笔下描绘的企业，大多是一位老板和一位忠心耿耿的需要时不时出去喝杯茶或者喝啤酒的伙计。到了 1914 年，基本情形依然如此。

当时不论是研究机构、企业、政府、医疗保健或教育组织，还是像 YCMA 这样的志愿者组织，都是小规模的组织。不论是哪一个国家，都可以把 1914 年的整个政府（联邦政府、州政府和地方政府）塞进一栋新的政府大楼，还有多余的空间用作保龄球馆和溜冰场。当时的日本、德国、美国、英国、澳大利亚和俄罗斯都是如此，其他组织亦然。

现在，大型管理性组织已经成为各领域的中心主力，但我无意在此评论其中的利弊。人们显然对于这些大型组织的发展成果感到骄傲，"教育爆炸"就是其中的一项成果。组织是化知识为力量的工具。在大型组织兴起之前，知识是一种奢侈品，即使是在富人阶层，教育也只是少数人的特权。知识分子能做什么事情呢？2000多年以来，只有神职、法律、医学和教学等传统专业没有改变。至于其他领域，拥有知识可能是一件危险的事情。知识最多只是一件装饰品，越快忘掉越好，就像债券，卖出得越早越能赚到钱。40年前的1927年，我在一家出口公司当学徒，当时我只有18岁，这也是我的第一份工作。当时我的老板认为，就当一个生意人来说，我已经在学校里浪费了太多的时间（其实他说得也没错）。我老板的儿子14岁就已经开始工作。18岁才开始工作对于一个生意人来说已经晚到不可想象。而今天，如果一个年轻人仅有一份高中毕业文凭是很难找到工作的。我们正在快速走向一个神圣的乌托邦社会，在那里，拥有博士学位才是高人一等。这也许有点言过其实，不过有知识的人能有一份工作也是得益于组织所赐。这也是一个组织的宗旨——有能力把知识投入生产性的活动中。

你可能会说这是非常值得称赞的。但是，1914年的社会仍然具有其优点——当时的社会看起来像极了堪萨斯州的大草原，在那样的社会中，最突出且最重要的就是个人。当然，大草原上有着看起来相当突兀和巨大的小山丘，那就是政府。事实上，当时的政府组织机构仍然是微不足道的，在当时48位州长中，只有6位是全职，其余42位州长不是继续当执业律师就是继续经营自己的房地产事业，由此可见一斑。显然，当时州长的工作并不多，而且微薄的薪水也养不起一位全职的州长。不过，这种单纯的社会还是有可取之处的。

我想强调的是，这些年来大型组织机构并没有展示出整体的社会多元性。比如，我相信大家看到今天我的演讲题目时，一定认为我谈论的主题是商业。其实，管理性组织机构已经是一个一般的现象，不仅仅局限于商业企业，只是我们还没有觉察到这种趋势而已。

唯一可以完全理解我们社会现象的是嬉皮士（hippies）。你或许对于嬉皮士的所作所为不能完全赞同（我也是传统的守旧派），但是至少他们已经意识到了他们不属于这个组织或者那个组织。他们意识到他们已经被组织包围——他们反对所有的组织。理论上来说，无政府主义是完全站得住脚的理论，唯一的麻烦是从来没有能够行得通。嬉皮士的主张也一样无法行得通。嬉皮士的反应是完全否定的，这种立场除了惹祸上身之外，于事无补，但是至少他们看到了事实的真相。

过去几年，人们挺身对抗的是前所未有的庞大的官僚体制，这绝非偶然巧合。这不禁让我想到，天主教教会的主教出人意料地对抗罗马梵蒂冈大公会的官僚体制，以及学生对于加州大学的反抗行为。

以前，人们甚至从来不会认为这些单位是"组织机构"。只有庞大的企业或庞大的政府才被认为是"八爪大章鱼"，看你到底是民主党人还是共和党人而定。我们总是认为一个机构与社会其他部分基本上是无关的，然而这种看法已经不再正确。

我们必须认清一个社会事实，即使是YMCA也是有权有势的庞大的官僚机构，必须制定一套管理规章制度，然后请专业人士来进行管理。当然，这些机构每个都是虚拟的。报纸上说通用电气提高了电热毯的价格，实际上指的是通用电气公司的一些人这么做了，通用电气本身不会做出任何这样的决策。不论是 YMCA、内布拉斯加大学，还是国防部，或者其他的组织机构，都是相同的情况。组织不过是一群人的代名词，而组织的有效性（或存在）取决于管理执行者。

组织内部虽然管理者众多，但也只是占极小一部分，通常每50～100位员工中有一个管理者。管理者的奉献精神和效率决定了组织的基调、基本方向或者组织的根本目标。由于我们研究组织的重心往往放在商业企业或政府部门，我们没有能看到一个共同的全新任务：管理执行者的任务。这是个艰巨的新任务，因为现在对于决策制定者的需求远远大于以往，而且这也是我们从未经历过的新型的组织。

现在这些组织中的每一个组织提供的产品和服务，只能满足人类需求或需要的一小部分。只要你把我们现在高度多元化的社会同从前的多元化社会进行比较，你就不难发现其中的差异。我们所拥有的多元化社会仅有几百年的历史。在这之前，当时社会各种不同的组织，做的事情实际上大同小异。从国王到公爵，从男爵到伯爵，从修道院院长到自耕农，他们的身份都是地主，这些人经营的对象是整个社区，关心的是整个社区的需求，只不过是经营规模大小有别。

我们现在已经没有一个完整的全能组织了，每个组织都是专业分工，每个人都是各司其职。有些组织满足经济需求，有些提供健康医疗服务，有些负责国防等，这和我们之前的社会截然不同。我们因而可以指出，现代组织的表现取决于管理执行者的表现。现代复杂社会的运作，也取决于管理者、经理人和行政长官的能力。

我们对于管理者有什么要求？我们对管理者有一些期待。

　　首先，管理者必须意识到这些组织存在的目的，是为了满足社会特定的需求。组织本身并不是目的，也没有任何意义。组织一旦脱离人群，就毫无价值。组织必须为社会特定的需求提供服务。

　　组织真正的问题不在于应该做什么事情，而是避免做错事情。现代组织最大的问题在于，每个组织自以为无所不能，自不量力地去处理超过自身能力范围的事情，结果搞得焦头烂额。当组织同时要在 50 个不同的方向上发展时，往往会变得毫无效率、一事无成。

　　组织也常常固执地从事一些过时和毫无结果的事情。企业在这方面明显比其他组织更为高明，因为企业面对的是市场的检验。举例来说，福特汽车公司决定停产埃兹尔（Edsel）。其实，这只是一种礼貌的说法。真正抛弃埃兹尔的是像你和我这样的消费者。福特汽车坚持到最后关头，才无奈地接受埃兹尔被市场淘汰的事实。虽然它们不愿意面对真相，但是市场的反应总会迫使人们面对现实，并接受结果和市场的决定。

　　相较于埃兹尔汽车，许多政府的政策更加挥霍浪费，例如我们的援助政策和农业政策。政府的政策一旦失灵，通常唯一的对策就是增加预算。政策没有市场去检验。如果 1820 年就设立交通部门的话，相信今天在座的许多人就可以在"马匹康复部门"谋得一个肥缺。类似地，当某个学科已经跟不上时代时，大学就会把它排除在必修科目之外。

　　组织机构通常不会轻易放弃任何事情，只因为过去已经付出太多的精力和心血。努力越没有成果，就会越用力地挤压去搞出一点成果来，希望能挽回一些颜面。因此，追求目标中的真正问题在于如何集中精力以及如何和过去告别。

第二个对管理者做好工作（你可能会正式地称之为"管理"）的期待是，如何协调各司其职的数量庞大的员工同心协力地追求共同目标？

当初建造金字塔时，动用了 6 万名劳工。尽管工程浩大，却没有管理上的问题，因为所有人都听令于监工的口号："一、二、三，拉。"监工不用操心工人该做什么事情，也不用操心如何整合所有人的努力或者沟通。大家只要齐心协力地拉绳子就行。但是，现在的组织庞大，气象学家、经济学家、银行家、销售员和质量管控工程师比邻而坐。每个人都有着不同的知识领域和工作，然而我们要做的却是从他们所有人的工作中得到一个结果。

下一个管理问题是管理者本身的绩效问题。他的角色不同，必须有明确的工作职责和规范。

我们同时也面临组织伦理道德的问题，这个领域还有待我们去学习。不论是一家医院还是一间肥皂工厂，没有员工工作，就无法经营。组织必定要有落脚之处，对它所处的社区及其价值观会产生一定的影响。因此，组织的伦理道德价值观非常重要，而我们对此知之甚少。

组织彼此之间的关系也很特殊，耐人寻味。美国政府邀请 X 公司接手"向贫困宣战"（War on Poverty）项目，同时却又以违反托拉斯法为名将其公司主管送入监狱。加州理工学院（Caltech）和麻省理工学院（MIT）名下以营利为目的的子公司的数量比西尔斯百货（Sears Roebuck）拥有的商店的数量还要多，但是学生本身确实属于"非营利"性质。更多的商业企业承担起政府和社区原有的工作，这的确是非常奇特的现象。

我们对组织之间的关系一无所知，对于组织和社会作为整体两者之间的关系也不甚明了，我们甚至不清楚组织和个人之间的关系。

从各方面而言，新的组织和管理能力是一大优势。但是，这不过是近些年（不超过 100 年）才出现的事情，而且只有少数人才具有这种技能，其中大部分是白人（日本人是个例外）和在北半球的人。今天，欠发达国家之所以落后的主要原因在于，它们不知道如何管理，而我们也不知道如何去给它们传授管理。我们只是知道缺乏管理能力是这些国家落后的一个主要原因，只要能在管理上迎头赶上，它们就可以脱离欠发达的行列和状态。即使现在仍然贫穷，但是你知道如何快速摆脱贫穷。

我们已经开发出来或者说正在发展出来的新事物是一个新的社会结构，在这个新的社会结构中，我们使用新发现的管理能力来构建组织和承担社会责任。人类由此在医学、教育、科学、武器或经济发展等不同领域取得的成就，是我们的祖先想象不到的。这些新能力让人们做得更好，同时也带来了新的挑战。尤其是管理者面临的新问题，包括自身的能力、价值观和责任。我们刚刚开始着手解决这些问题，也许最重要的是，至少我们已经意识到了这些问题的特殊性是现今社会的特点。这是我们独特的问题，同时我也衷心期盼这是我们独特的机遇。

# 4

第四部分

# 环境、社会结构与管理绩效

德鲁克一生成就非凡,做过行业领军人物,也当过政府官员,还因提出"知识工作者"的概念而获得"总统自由勋章"。然而,他最为杰出的成就或许是在1973年出版的厚达800页的经典巨著《管理:使命、责任、实践》,甚至在全美畅销书榜单中超过当时风靡一时的《性爱之悦》一书。许多作家,尤其是那些写作超过40年的作家,通常会把出版《管理:使命、责任、实践》这样的经典作品,当作毕生成就的颠峰。但是德鲁克并不是这样,让人吃惊的是,20世纪70年代并不是他的一个终点,而是另一个全新的开始:他一生出版的39部著作中,2/3是65岁以后完成的。

德鲁克后来把自己的坚毅性格归因于20世纪20年代,当时他在德国汉堡的一家棉花出口公司当学徒。当时德鲁克每周都会在沉闷的工作之余去欣赏歌剧。也就是在那个时候,他首次聆听到了19世纪意大利作曲家朱塞佩·威尔第(Giuseppe Verdi)的作品《法斯塔夫》(*Falstaff*)。德鲁克这样回忆道:"我完全被这部歌剧震撼了,这部歌剧洋溢着欢乐、对生命的热爱和十足的活力。"但是最让他难以忘怀的是,他后来发现威尔第在完成这部歌剧时,已经是80岁高龄。威尔第说道:"我是音乐家,毕生追求完美,但完美总是擦肩而过。我坚信,再试一次是我的责任和义务。"德鲁克说,威尔第的这句誓言成为他自己的人生指南,激励他终生写作。

# 环境的政治经济学

来自 1971 年的克莱蒙特学院联盟年度系列讲座演讲

我可以自称为环保主义者的先驱。早在 1947 年或 1948 年，我在佛蒙特州（Vermont）班宁顿一所小型女子学院教书，当时我开设了第一门关于环境的课程，结果没有一个学生选修这门课，我也找不到任何关于这个问题的阅读材料。我们极力呼吁不要大肆破坏人类的自然遗产，在当时似乎是非常奇怪和疯狂的保守派的想法。

长期对生态问题的关注，让我非常乐于见到当前环保运动的风起云涌，翻开任何一本报刊都会有关于环保问题的文章。就某方面而言，我甚感欣慰，看到自己以前的努力如今被众人关注，的确让人心情愉快。

不过，我也不免忧心忡忡。现在关于环保问题的文章汗牛充栋，但大多是哗众取宠，流于空谈，并没有我想看到的实质性结果。也许是我的要求太高，但是我的确没有看到进展，我看到的仅是投入了巨额的资金。但是，很久以前我就意识到了预算的规模并不能等同于取得的成果。

金钱不能取代思考，金钱取代思考会后患无穷。我看到的是，我们通过了许多法案，也探索了很多议题和条件，然而对于如何维护环境，让国家和地球成为人类永远的家园这一问题，我们仍然一筹莫展。

在过去的几年中，我经常问自己，不仅要清楚我们应该做什么，还要清楚我们不应该做什么。为什么我们投入如此多感情的环保运动却几乎是在原地踏步？

首先需要指出的是，当前的环保倡导者有三个主要的错误观念，以至于不能产生任何实质性成果。第一个错误观念，也是最让我不解的是，我们认为我们生活在一个没有任何风险的宇宙中，人类能够消除一切有害行为。认为人类是绝对安全的，这完全是一个不切实际的幻想。环保问题的真正挑战在于，认真思考人类可以承担哪些风险，而又禁不起哪些风险？在什么地方划下这条线？人们愿意付出多大的代价来换取多大程度的保障？

第二个错误观念，以某种方式，利润可以用来支付管理环境的成本。然而，长期以来我们已经知道，根本没有这种利润，这不过是会计上的错觉。环保成本只有过去的和未来的之分，因此认为可以用利润来支付环保费用是一种很大的误解。因为，不论是通过税收还是提高超市售价，环保费用到头来都是由消费者买单。

第三个错误观念，认为环境危机的罪魁祸首是"贪婪"。这种说法有一些言过其实。实际的情况是，我们不希望看到2/3的小孩子活不到5岁，我们希望穷人都有足够的食物，都有就业的机会。环境问题实际上是成功的后遗症，这是最棘手的问题，不应该诉求道德解决，和道德问题无关。

人类过去的许多成就，相信大家都有目共睹，我不认为任何人会把这些成就视为是错误的。当年美国和日本军队把纱窗带到世界各地，成为"人口爆炸"背后重要的推手，这是当时的科学家和专家始料未及的。纱窗使得热带国家的出生率提高了 60% ～ 80%，然而纱窗和"科技"一词根本沾不上边。有了纱窗，婴儿在两岁之前死于飞蝇传染病的比率大幅下降。没有人能够未卜先知，我们只能说成功总是随后会产生问题。

另外一个我们无法在环保上取得进展的重要原因是，我们一直倾向于使用惩罚而不是激励。有一点我们可以肯定，那就是奖励的效果远优于惩罚。

我们自以为是，只要我们重新成为自然之子，环境问题就会迎刃而解（今天的自然之子也在玩电子吉他，每当我听到电子吉他搭配扩音器高唱反对高科技的民谣时，就会感到非常具有讽刺意味），我们这一代人（包括我自己）在 20 世纪 20 年代也是这样做的。但是我们不是反科技，我们使用了原子弹。如果我们愿意多花些时间了解科学技术，而不是吟唱浪漫的"血与土地"（blood and soil）这样的民谣，我们就会做得更好。

环境问题可能是史上最棘手的科技挑战。我们没有必要把对科学技术和制度的一知半解当成一回事。民谣歌手不会解决环境危机，他们甚至连污水处理厂都不会建造。是时候告诉年轻人不要相信我们不需要工程师的胡说八道，现在比以往更需要工程师。8 年以后，我们将更加需要这样的人才，受过专业培训的技术人员将极为短缺。

我们面临的最大问题在于，在应对环境危机问题的时候，没有人愿意去排列解决问题的优先顺序。没有人愿意直接指出，环保需要 5000 万份工作来完成，没有人能同时完成这些工作，每一项工作都困难重重。我们需要决定，哪一项工作是当务之急？哪些是非做不可？哪些事情要防患于未然？相反，我们没有这样做，而是追逐多个方向。

在准备这次演讲的时候，我打电话给国会图书馆的一位朋友，问他："到目前为止，国会通过了多少项和环境相关的法案？"我预想的答案是 60 项，结果他回答是 344 项。我问："所有这些都得到了预算资助吗？""是的，"他回答，"全部编入预算了。"我接着又问："所有这些都雇人手了吗？"然后他回答："别再问愚蠢的问题了。"

我们正在着手应对所有方面的问题。每个人都手持斧头和水枪，准备迎战来势汹汹的大问题。结果是，我们得到了很多报纸头条，但是我们没有得到任何结果。我不敢大言不惭地说我知道这个优先顺序，但是我知道我自己的优先顺序是什么。我个人的优先顺序清单不重要，重要的是我们需要有一个这样的优先顺序清单。

顺带谈一下我个人的优先顺序，我认为清洁的空气和水最重要，然后是能源所产生的前所未见的温室效应，这些问题目前我们还没有技术能够解决。最后，我认为是粮食问题，在这个问题上我们经常陷入进退两难的境地。如果不使用杀虫剂和除草剂，数百万儿童会因为粮食短缺而饿死，但是杀虫剂和除草剂的使用对生态和生物会造成难以恢复的损害。长期而言，这是人类所面临的最为棘手的问题，但是迄今为止，无人正视和解决。

这只是我个人的优先顺序清单。但是，问题的关键在于我们达成这样一个清单并整合稀缺的资源去发挥最大的作用。不是说资金是稀缺的，资金从来不稀缺，稀缺的是目前有能力解决环境难题的优秀人才。我们没有集中力量解决几个重大的环境问题，反而是每天都惊慌失措地追逐新的问题。我们应该果断地说，这就是我们的优先顺序清单。有些可能是像空气和水这样耳熟能详的问题，我们知道如何开始着手解决；有些问题，比如说电力能源和粮食生产的问题，我们目前并没有解决之道，但是我们知道这是燃眉之急，必须立刻付诸行动。一旦确定了优先顺序清单，我们就应该暂且抛开其他议题，把这些额外议题当作周日下午的增版，到周二下午就忘得一干二净。

缺少优先顺序或许是现在最为严重的问题。结果是，每个人对环境问题都极为兴奋，但是没有人愿意许下承诺，制定政策，或者除了自以为是之外做出一些实质性的努力。我们必须为我们的国家思考出优先顺序，然后小心谨慎地去落实。千万不要让原本非做不可的环保议题和对于环境的关心，沦落为保守主义真正的罪恶，沦为国内外穷人和富人之间的战争。

当一切变得昂贵，穷人首当其冲受害，低收入人群的收入会更少。如果成本上升，就会陷入这种恶性循环。黑人认为环保的倡议是对他们的加害，这种想法并非无稽之谈，黑人穷人说的是对的。他们认为白人小孩在学校里高喊"保护地球"，实际上是剥夺他们的公民权，他们也是对的。当呼吸清洁的空气、饮用干净的水都必须付费时，所有的物价都会上涨，所有的东西都变得昂贵。

我们也必须寻找环境和工作之间的平衡点。20 年前，新英格兰东北老旧的造纸厂是小镇的经济命脉，这里的村民都愿意甚至渴望为了工作而忍受恶臭的空气。今天是否会做出这样的决定还不甚清楚，但是未来，会给工作岗位投票，这样的选择将会是非常明确的。以后 10 年不会再有劳工短缺，"婴儿潮"出生的人口即将进入劳动力市场。

未来10年的劳动力市场，每年寻找工作的人口将比过去15年增加50%。因此，不会存在劳动力短缺。人们会重新思考就业岗位的问题。我们正处于环境和就业问题的冲突的轨道上，我不认为我们经受得住这种碰撞冲击，我们必须思考我们愿意承担哪些风险来维持人们的工作岗位。对于居住在纽约州阿尔巴尼亚东北部提康德罗加的居民而言，他们没有其他的工作机会，对于缅因州和西弗吉尼亚的居民亦然。

没有人知道我们今天花在环保上的钱有多少，相信一定是一个天文数字，高达数十亿美元，而且在极速膨胀。如果几年内还看不到成效，一定会令人大失所望，并且引来讨伐反对。到时候，环保激进人士又会振振有词地批评："这一切都是政客骗人的把戏。"于是生态问题再次陷入纷争，即使没有新增的问题，也会被现有的问题搞得焦头烂额。

真正关心环境问题而不是只关心环境问题引起骚动的环保界有识之士，此刻应该告诉大家"我们做了什么"，而不是"我们说了什么"。我们是否真的要马上面对周末报纸增版上总是提到的环境浩劫？也许这有点危言耸听，还不到这种程度。但是，我们起步的确非常晚了。我们必须付诸行动，而不是满足于口号宣传；我们必须要求结果，而不是只有良好的意愿；我们必须要有一个计划、一个深思熟虑的计划，而不是大家的共鸣，因它对于环保事业于事无补；我们必须集中精力，付诸行动，而不是盲目追逐。

身为一个长期以来孤身奋战的环保人士，看到大家现在一同投入到环保问题中来，我倍感欣慰。更为美妙的是，我看到所有的人实际上都是保守的，"保守"一词最为深刻的含义莫过于维持人类与环境的平衡，维持人与人之间的平衡，以及维持人与其价值观之间的平衡。

但是，作为一个环保前辈，我有点焦虑，有点失去耐心。我们已经蹉跎太久，如果不能把热转化为光，把对环保的热情付诸行动，我担心大家会变得沮丧，会对环保事业心灰意冷。热情必须有结果才能够维系。因此，我所关心的并不是行动而是结果，我所关心的并不是世界出了什么问题，而是我们应该做什么来纠正和挽救。

# 美国教育的未来

来自 1971 年美国寿险学院威廉·T. 比德利斯讲座

　　大家都意识到现在的美国学校出现了危机。实际上，我们周围许多人都在谈论"去学校化的美国"，甚至预言在不久的将来学校将会销声匿迹。坦率地说，这样的事情不会发生，这些说法不过是危言耸听。不过，我们可以肯定的是，在未来很长一段时间都会充满焦虑不安，是时候重新思考教育的本质，重新考虑建构和现在截然不同的学校体系了。

　　尽管目前社会上对学校诟病批评众多，但我认为当务之急是要了解问题之所在。我们都知道目前学校为什么会陷入危机。我们也知道美国教育未来可能或者至少应该呈现出的模样。而且，甚至我们可以猜想一下哪些新的方法或者观念会最先被付诸实践并取得成果。

　　我们首先要说的是——这件事情可能不是经常被提起——学校并非在一夕之间突然陷入危机。学校陷入危机的原因在于，学校对于个人和整个社会所扮演的角色都发生了巨大的变化，而且比以往任何时候都更为重要。

每个国家的学校教育制度都是基于这样一种假设，认为"学习"是一种智识活动。学校认为"学习"是由一个独立的器官"智力"完成的，与"身体"或者"情绪"无关。学校甚至认为，学校所假设的"学习"是一项独立的活动，和"做"无关。"学习"顶多是为"做"来做准备。

按照苏格拉底的传统观点，"学习"和"做"没有任何关系，如果非要把这两者扯在一起，就是对"学习"粗鲁的贬低，同时是对"知识"的毁灭。因为"学习"是一种准备活动，因此，"学习"的对象是年轻人。当人生已经迈入"理性理解"但不足以从事生产性工作的这个阶段，就是"学习"的阶段。一个人一旦开始"做事"，就是学习的终点。

今天我们认为学习是一个持续性的生物过程。它始于出生，终于死亡。婴幼儿的学习和成人的学习没有根本性区别，都是一个学习过程。

我们还知道，"学习"不是由某种特定"学习器官"即某种智力行为完成的。学习是一个过程，整个人都会参与其中，我们的手、眼、神经、大脑都会参与。学习的确是所有生物的特定过程，从最原始的到最高等的生物都会有。学习的过程尽管有顺序，但是没有开始也没有终结，活到老，学到老。

因此，如果"学校"只是作为人们"学习"的机构场所，而人们"做事"，不论是"游戏"还是"工作"的地方却在别处，这种做法是不可取的。一个婴儿床同样是一个"学习机构"，就像工作或重病在床都是学习的机会。学校应该改变其角色定位，不再和个人生活脱节，必须在一个人的整个人生中扮演整合、启蒙和指导的重要角色。学校必须再造成"学习"的关键性一部分，而不是一个孤立的、凌驾于生活之上的、强制性的"教育"机制。学习是终身的事情，而不只属于那些处于老到玩不动和小到工作不了之间这个特定阶段的人的事情。

没有人能够预测今年或者明年学校将会发生怎样的改变，但是以我们现在的认识，我们至少可以合理地推断出，我们的学校应该朝着哪个方向改变。我们可以确定美国未来教育的七个目标或七个宗旨。

1. 未来的学校将基于一个"零拒绝"的原则。我们坚信，每所学校应该保证每位孩子都能够在基本技能方面达到最低标准，这个最低标准是一个水平相对较高的"最低标准"。我们绝对不可以再用"笨蛋"或者"懒惰"这样的词来谈论我们的孩子。首先，接受那样的托词会让整个社会付出沉重的代价；其次，我们现在都知道，那只是一个推卸责任的托词，事实远非如此。所有的证据都显示，即使是那些天资平庸的孩子也有足够的能力去学习基本技能。

2. 未来的学习，从学龄前到后续的成人继续教育，都必须根据个人的学习节奏、学习速度、学习模式因材施教。过去，我们别无选择，面对一个班级 30 ～ 50 名学生，老师只能采取统一的方法。当时认为这种步伐一致的教学是必要的，但是现在情况已经发生了变化。我所讲的并不是计算机辅助教学，我并不认为这项任务必须用大型机器设备和大量的高科技才能完成，当然我们的确需要比以前更多的工具。目前小学和高中的资金总体上来说是不足的。我们一直依赖人力，这反过来意味着为了教学便利，必须牺牲整个班级的同学，无法根据学生的潜质、潜力、特点和能力因材施教。这样的做法会让美国教育的未来止步不前，我们应该竭尽所能发掘每个孩子最好的学习方式。

3. 未来的美国教育将会是以成就为导向的，学校必须让每位学生发挥自己的天赋和才能。这并不是说忽视核心技能——不论这些核心技能所指为何。我们需要接受这样一个事实，就是我们身处在一个巨大的丰富多元的世界，在这个世界中我们需要各种不同的技能和不同的天赋来完成各种不同的工作，不同的技能和天赋都有用武之地。我们也必须接受这样的事实，人类的个体是如此不同，我们每个人都有各自擅长和不足的领域。事实上，尽管现在学校增加了艺术和体育，还有手工及家庭经济学，但学校注重的仍然是读与写的能力。非阅读、写作或数学的能力仍然被视为雕虫小技。当今的学校强加在人们身上的价值观实际上把人类 3/4 的天赋视为是"无关紧要"的。这种想法不仅是迂腐愚蠢的，而且也与我们的社会和经济现实严重脱节。整个社会需要各行各业的能工巧匠。我们期待学校能够以成就为导向，挖掘学生的真正才能，使其加以历练，以成大器。

4. 未来学校应该是既非"行为学派"也非"认知学派"，既非"以孩子为中心"也非"以学科为中心"，未来学校的教学方法应是折中的。然而，现在越来越多的证据证明，长期以来围绕学校教育的种种争论，不过是庸人自扰。学习本身包含了行为主义的练习—加强—回馈的过程，否则，不管我们学什么都无法形成长期记忆，从而真正学会。至于团队合作，我们需要目标、决策、价值观和理解力，这些属于"认知"范畴。否则，"学习"就只能是一种"行为"，而不是"行动"，也不是"信息"，更不可能形成"知识"。现在大家都知道，个人是学习的主体，所有的学习都是以"学生为中心"的，但是，同时学习还是有目标的，因此所有的学习也是以"学科为导向的"。问题的症结并不在于这种一分为二的传统划分方法，而在于什么才是真正的学科，学校试图传授的学科。这些学科的传授顺序必须同时满足学习者的学习模式，又必须符合学科的学习逻辑。走路之前必须先学会爬行，这是骨骼肌肉的发展要求，也是平衡机能的形成顺序。

5. 未来的学校，不论是幼儿园、大学还是成人继续教育，都必须融入社区，成为社区的一分子。我们对 19 世纪中叶的小型学院有着诸多批评，包括只是要培养拉丁文、希腊文和希伯来文学者的僵化的课程（包括一点算术），狭隘的宗教观，威权式组织，通常由外部宗教任命的董事会指定的校长独揽大权。但是，这种学校并非一无是处，当时这种学校和当地的社区非常融合，是社区的一部分，不管这个社区是卫斯理宗、浸信会还是公理宗。在 1860～1900 年兴起的现代大学在过去 30 年间取代了这种学院而蓬勃发展，现代大学或许在思想上和知识上更丰富、更自由，在学术上的成就也更大，但是这样的大学已经不再是一个社区，也没有和社区融合。19 世纪 70 年代的学生抱怨学校为了培养他们的智识而只给他们提供稀粥，制定非常严苛的生活规范，但是没有人产生"疏离感"，没有人感觉到没有家，没有根，没有亲人。实际上，这种学院肩负着父母的责任，对学生有着"种种限制"。未来美国教育必须仔细考量构成这种教育的主体——学生，而且必须学会和他们建立关系。尤其重要的是，学校必须学习理解学生，了解每位学生能够和期待从学校获得些什么，以及学校能够和应该对学生期待些什么。

6. 不论采取哪种方式，只有衡量其绩效才能使美国今天的教育更为可靠。但是，我不知道如何去衡量教育的"绩效"。我毫无头绪，原因在于，衡量绩效之前必须先有明确的目标和目的。例如，如果你告诉我小学教育的首要任务是培养小学生的阅读能力，这很容易衡量绩效。然而，如果你继续增加要求和目的，要培养小学生的社会化能力，教育他们成为文明人，然后你又谈到了全人类的发展，随后又增加为就业和谋生做准备的教育目的，这就使得这些目的变得无法衡量。换言之，我们期望学校能认真思考和考量目的和目标，贯彻这些目标，肩负起达到目标的责任。如果学校不愿意承担这样的责任，衡量的标准就会由外部来设定。然后，教育界人士就会激烈反对这些外部标准，认为这些衡量标准是大错特错的。这种反对很可能是正确的，但是教育界人士也只能怪他们自己。未来的美国教育，无论采用何种方式，一定要肩负起应有的责任。

7. 教育最重要的改变，或许是未来的美国教育将不再认为工作的开始就是教育的终结，也不再认为一个人要学习是因为年龄太小而做不了其他事情，尤其是因太小而无法承担工作，一旦工作开始就停止学习。未来的观念恰好相反：活到老，学到老。最可贵的学习，也就是真正的教育，是那些已经拥有高学历或者功成名就的成年人的继续学习。未来，人生最重要的学习阶段也许不在于所谓的"正规"学习阶段，而是学前幼儿阶段以及后学校时期的成人阶段。这对于传统学科的结构、课程、方法和传统教育的地位都会产生非常深远的影响。我们应该重新回到 100 年前"教育大爆炸"之前的时代，当时人们把学习看作日常生活的一部分，而不是和生活脱节的独立的事情。不久以前，19 世纪的学习整个发生在学校以外，现代学校必须成为生活的一部分，是成年人（尤其是高学历的成年人）持续的、正常生活经验的一部分。

# 克莱蒙特的演讲

来自 1974 年在克莱蒙特研究学院（现更名为克莱蒙特研究大学）的演讲

　　女士们、先生们，今天我很荣幸能和大家共聚一堂。我曾经在克莱蒙特研究生学院度过三年快乐的时光，对此我深感荣幸。今天我被邀请就管理及未来的发展趋势谈点什么，我想，最好的开场白就是，过去的25 年，整个世界都掀起了管理学的热潮。

　　大概 30 年前，管理学还是一门相当生僻的学科，只有少数的研究人员关心。实际上，大多数管理者只是不知道他们的实践正是管理学而已，而我们在座的大多数人也不知道。原本偏门学科现在却成了报纸头版的大热门。当我第一次被命令研究管理学时，我并没有多大的兴趣。直到有一天我的顶头上司把我叫到办公室对我说："明天你就是一位管理顾问了。"我说："领导，什么是管理顾问？"然后他说："年轻人，不要无礼，不要多问。"显然，这意味着他也不知道答案。

　　因此，我必须在一夜之间学会管理学。幸好，学习过程还算可以轻松搞定，因为当时书架上有关一般管理的文献只有六七本书和几篇文章。现在，我们每年出版的被图书馆归类为一般管理的书籍就不下上千册。各位不难想象当前管理学研究的盛况，这也说明，管理学膨胀不是自去年才开始的，而是早已经膨胀了。

然而，管理学的全盛时期已过，而且巅峰时刻也跟着结束了。管理学和其他风潮一样，已经流行了很长时间。现在，我们面对的是管理绩效时代。在过去25年间，我们已经在管理学上取得了很多的成就，建立了良好的愿景，但是未来，我们必须学以致用，证明我们已经学到了管理学的精髓。与此同时，我们也必须不断探索学习新知。过去的管理学属于冷门偏门学科，只有商界和少数学者关注研究，长期积累的知识和经验一旦被挖掘释放，就会造成管理学学科的蓬勃发展。这些丰富的资料是管理学过去25年发展的沃土，但是我们现在必须获取新的知识，迎接新的挑战。

今天我只想谈谈关于组织机构未来应该关心的事情，暂且把未来的管理者放置一边。第二次世界大战结束至今约30年，西方社会经历了有史以来最长的经济增长，但是现在已经到了强弩之末。过去30年经济增长的轮廓基本上大同小异，然而今天的情况已经远非如此，过去的时代已经正式画上句点，所以经理人必须学会应对未知的经济挑战。此外，恕我直言，我非常担心大家缺乏准备和远见，尤其是那些未来要承担大任的人，这是经济学应用方面最让人担忧的地方。最让我沮丧的是，我的学生对此茫然无知，过去所学的东西在未来完全派不上用场。我们必须加倍努力学习经济学、经济结构和经济动态。经理人尤其必须要学习，因为学术界人士几乎帮不了什么忙，只能依靠自身的学习。

此外，大家应该再次发挥创新精神，因为技术连续的时代已经结束。大家或许对这样的说法感到很奇怪，因为当今科技日新月异是有目共睹的事实，不过如果你再去用心了解的话，就会发现事实并非如此。直到最近，几乎所有产业的技术基础都是在第一次世界大战期间打下的。在座的各位一定有人会提出计算机来反驳，但是就技术而言，我们的知识不断地修改、扩充和添加，但是我们没有真正的创新。

从各方面而言，社会创新的重要性要远远超过技术创新，但是我们也没有做什么社会创新。我们只是把原本耳熟能详的事物散布到全球各地，既没有新增也没有改良。现在这段时期，很像南北战争到第一次世界大战期间的创新的黄金时期。这段创新的黄金时期，始于1856年苯胺染料和实用发电机的问世，终于1911年电子管的发明。当时平均每14 ~ 17个月，就有一项创新技术问世，这项技术会立刻导致新商业和新行业。顺带一提，我们无法证明现代技术传播的速度比以前更快，实际上有证据显示反而是更慢了。当年，在爱迪生展示所发明的电灯泡的9个星期之后，电灯泡公司的股票就在英国上市发行了，他们还分销电灯泡。虽然当时的电灯泡还不亮，不过在一年时间内，欧洲就已经普遍安装，电话也是一样。今天技术传播的速度远比不上当年，唯一真正的差别在于，现在所获得的曝光度比较高。

我认为，由于能源危机和资源问题，人类即将迎来重大的发明创新时期。此外，过去30年，物理、化学、生物和信息技术理论都积累了大量的新知识，这些都还没有能够产生出新技术。在社会层面，我们对于大城市和环保问题或许需要更多的创新想法，所以经理人必须学会善用自己目前已知的知识，同时也要承担起创新者的角色，积极探索未知领域，带来更高的效率和更丰富的成果。

与此同时，未来几年，一般人对于管理工作和工人的一些理所当然的假设，将面临重大挑战。当前的人口结构已经有了很大的改变，美国以外的国家这种改变更为明显。在今后的 10 年里，墨西哥必须创造出更多的就业机会，因为每年进入就业市场的年轻人比之前增加了三倍。其中大多数人的受教育程度不高，也缺乏相应的训练，即使如此，还是优于上一代人。其他像拉丁美洲、东南亚和某些未开发国家，也都有这种现象。

我们经历过人口爆炸时期，现在面临着人口爆炸的后果，尤其是发展中国家的婴幼儿死亡率大幅度下降。我们能找到的比较可靠的统计数据是：1938 年，4/5 的孩子活不过 18 岁，3/5 的孩子活不过 5 岁。而现在，3/5 或 4/5 的孩子可以长大成人。这是人类前所未有的伟大成就，然而短期内也给我们带来了巨大问题，不论是社会主义还是资本主义，都没有找到解决办法，这是前所未有的情形。同时，也许更为重要和值得关注的是劳动人口结构的巨变。美国现在进入劳动力市场的年轻人超过一半具有高中以上学历，他们的受教育程度提高，更为重要的是，他们对未来的期待也跟着改变了。

首先，这群年轻人期待理性的管理，期待实际的管理模式和所学的管理模式是一致的。在座的各位，尤其是老一辈人，都认为这是不切实际的幻想。然而现在的年轻人，已经无法接受以前那种"照我说的去做"命令式的管理模式，而是认为管理必先思考，管理背后一定有其逻辑和理由。他们期待这种理性的管理，而且势在必行。此外，别忘了，未来我们要靠他们来供养。他们希望学以致用，做出贡献，自食其力。他们对我们所教导他们的，照单全收。这也许看起来很愚蠢，但是年轻人对于父母和老师的教诲，一向视为金科玉律。我们告诉年轻人，要理性管理，要面对挑战，要承担责任，他们都会铭记在心。尤其是，我们要把这股热忱转化为工作动力。坦白地说，我还没有看到这种任何一个地方是行得通的，不过我认为我们责无旁贷。

同时，我们也面临许多人认为我们早在25年以前就克服了的挑战：生产率的挑战。我们今天的世界饱受通货膨胀的威胁，大家对此束手无策。通货膨胀是最为严重的社会问题，通货膨胀瓦解社会凝聚力，制造阶级对立。人类社会自16世纪经历第一次通货膨胀至今，一共经历过30次通货膨胀，而每一次通货膨胀都造成中产阶级对抗既有体制，因为他们感觉到被社会抛弃，感觉到苦涩，毫无例外。

解决通货膨胀的唯一办法是提高生产率。所谓的生产率不只是限于劳动生产率，而是包括所有创造财富的生产要素的生产率。资本生产率也许更为重要，但是已经逐年下滑。同时，我们也要提高知识工作者的生产率，包括经理人的生产率。恕我直言，知识工作的生产率停滞不前，不论是教师、医院、政府单位，还是企业的经理人。当然，问题之一在于我们不知道如何定义知识工作的生产率。我们无法将衡量知识生产率和衡量生产线上鞋子的产量相提并论。因为设备精良、态度严谨、迅速有效和孜孜不倦的工程部门，设计出了错误的产品，他们所付出的代价是无法估计和衡量的。即使知识工作的生产率不容易衡量，但是我们仍然需要去尽力而为，如果没有衡量，我们就会沦为预期的牺牲品。

我也许讲得太专业了，也许应该谈谈其他更为重要、更具有普遍意义的话题。在我们在座的各位出生的年代，不论是本国还是其他发达国家，在组织工作的人数寥寥无几，甚至连人口普查都不会注意到。当然，当时大多数人在土地上工作，以务农为生。或是不久之前的 1900 年或 1895 年，大多数人口还是务农为主。当时虽然已经有了许多雇工，但多数是替老师傅工作，像屠夫的学徒、仆人或者小型工艺品店的工人。当时在企业组织工作的人数不多，而且大多数在工厂工作的工人阶级对于上层社会而言是视而不见的。然而今天，绝大多数人是在没有师傅的企业组织工作，甚至企业的领导都是员工。这些年大学发生的一些大事件，让我们清楚地领悟到，只要是雇用的员工，即使高高在上，也随时可能下台。你可能还记得，大学校长是最为脆弱的一群人。没有比这个更好的证明了。这是社会史上首次没有师傅的时代，只有一群领着薪水的员工。

# 影响美国商业的全球经济和社会结构的变化

来自 1977 年犹他州州立大学乔治·艾克列斯杰出讲座系列演讲

　　我今天演讲的主题是"全球经济结构的变化"。与我们之前所认为的不一样的是，现在我们经济所经历的历史转型期实际上不是什么新鲜事，是历史的重演。现代经济大约出现在 1700 年，从此以后，大约每隔 50 年就会出现一次增长似乎永无止境的"黄金 10 年"：18 世纪 20 年代、18 世纪 70 年代、19 世纪 30 年代以及 19 世纪 70 年代。

　　20 世纪初也曾出现经济繁荣，在欧洲被第一次世界大战的爆发中断，而在美国则一直持续到 1929 年。最近一次经济繁荣发生在 20 世纪 60 年代和 70 年代初。在目眩神迷的经济繁荣过后，随之而来的是经济萧条，在这种萧条中，所有人都认为经济增长已经走到尽头，会永远停滞。请容我指出，每次遭遇经济危机，人们都会认为我们即将用完所有的资源而一无所有。这是我人生中第三次听到这样的论断，现在我不再相信。坦白来说，这种说法实属无稽之谈，这不过是每次经济萧条的普通症状，而这种预言每次都会不攻自破。

经济增长通常是持续的，实际上很少被打断。但是，经济结构会转型，正如我们现在所面临的转型。因此，我今天准备谈谈头条新闻看不到，但是比头条新闻更为重要的事情。头条新闻通常是昨天发生的事情，没有人能够预知明天的事情，然而明天的头条新闻往往才是最为重要的事情。

一般人很少会注意到最为重要的结构变化，也就是人口结构的大转变。在座的各位大多是企业界人士或商学院的学生，如果你过去的商业决策都是基于失业的数字做出的，那么就很可能犯下致命的错误。这是历史有记录以来的唯一一次经济萧条，所有类型的就业率，包括城市贫民区黑人青少年的就业率都在逐月上升。过去三年间，只有三个月就业人口没有增加。但是，与此同时，失业人口也在上升，甚至创出新高，不过对此说法我心存疑虑。所以，如果你根据失业数字来进行商业决策，你就会预测人们会买小型车，这正是通用汽车所犯下的第一个营销错误，因为它看到的是失业数字，而没有理解人口结构的变化。

我们通常根据经济体的三个劳动力指标来进行决策。一个是作为一家之主的男性的就业数字，尽管近年来女性就业人口大幅度增加，但是这个指标仍然是最重要的劳动力供给的指标。另外一个指标是总的就业人口，顺带一提，除了第二次世界大战的最后三个月，目前总就业人口是美国史上最高的。最后，再观察总体就业状况：这是政治数字，而不是经济数字。但是，如果你只是看这三个指标的其中之一，你就会犯下严重的错误，我周围的很多朋友因为不了解人口结构的巨变，已经做出了很多错误的决策。

第二次世界大战之后，发达国家，不论是日本还是联邦德国，都经历了时间和程度不一的"婴儿潮",这完全是史无前例的。在第二次世界大战之后,美国的儿童人数在四年内几乎增加了50%。所有这些国家在经历"婴儿潮"之后,1960～1961年开始进入"婴儿低潮",婴儿出生率下降了25%,这同样也是史无前例的。虽然包括我在内的许多人预测过出生率会回升,不过这个预测尚未实现。在未来的短期内,将会有大批的年轻人涌入就业市场。只要看看艾森豪威尔总统主政最后一年的人口数据,我们就能够预测,下一个10年将会是年轻人的10年。然而,我们不能够预测的是这将会是什么模样。但是,美国人口的主力,也就是人数最多和增长速度最快的一个群体,在1959年是39岁。五年以后,约翰逊总统当政时期,主力人口的年龄是17岁。和平时期从未发生过如此大的转变,这将会产生极其深远的影响。

实际上,一如既往,并没有发生非常大的转变。现在青少年的行为和以前没有两样,只是重要性突然提高。如果回到20世纪40年代,青少年的行为根本是无足轻重的,因为他们并不是人口中的主力人群。而且,当年耶鲁大学知名的法律和社会学者查尔斯·赖克(Charles Reich)所预言的"绿化美国"(Greening of America)时代已经结束,仅仅是因为现在主力人口群体的年龄在迅速提升,已经达到了27岁或28岁。年轻人成为主力人口群体。由于人口出生率在1960～1961年大幅下降,这群青少年已经成为最大和增长最为迅速的人口群体。到了明年,17岁的人口将比今年减少20%,以后五年还会持续下降。

当今增长最为迅速的人口群体是65岁以上的老年人,部分原因是许多人迈入了65岁,部分原因是人们的寿命延长,65岁以上的人群生命力依然旺盛。大家也许纳闷,为什么退休年龄定在65岁,众所周知,上帝并没有这样的规定。其实，这是 1919 年首度成立大型退休基金时的规定。当时的铁路互助会不想支付退休金，所以请精算师来计算，"我们应该把退休年龄定在多大，才不用支付退休金？"精算师经过仔细盘算后，定为 65 岁，这就是 65 岁作为退休年龄的由来。

这个退休的年龄完全是主观确定的，并没有客观的依据。今天，只要不夭折，几乎所有人都会活过 65 岁，换言之，就是每 20 个人中就有 17 个能领到养老金。到时候大多数老年人都可以继续工作，不仅是因为健康状况的改变，也是因为工作需求的改变。例如，如果在座各位到了 65 岁，即使滑雪旧伤引起的膝盖关节炎也不会影响大家继续胜任现在的工作，丝毫不会影响。而如果是我们的曾祖父，他们必须外出收割田里的马铃薯，这样的旧伤就会极大影响他们的工作。这不仅是因为我们现在更为健康，也是因为我们今天工作的劳累程度已经大大下降。有时候我甚至怀疑现在的工作不只是体力消耗较少，可能连心力也付出较少，这是很大的转变。

在所有发达国家，供养老年人将成为经济和社会的当务之急。新的人口结构，不但具有多重含义，而且也会改变整个社会和经济的面貌。人口结构改变的另外一个含义是我们即将面临传统劳动力的短缺。未来一些需要人工和低技能的工作，将出现人力严重不足的情况，而且这些工作还无法让别人代劳。盐湖城或者洛根的街道必须打扫，垃圾必须清理，医院里的便壶也需要清洁，这些都无法外包给发展中国家。其他事情也同样越来越难做，不只是因为劳动力人口减少，同时也是因为低技能劳动力严重短缺。例如，在座的诸位年轻人，如果习惯在写字楼里坐着，就无法适应真正需要苦力的工作。上大学的目的就是希望能够摆脱做苦力，四年毕业后成为收入高的会计师，绝对不会再辛苦地去劳作。这也意味着，我们必须善用老年人和兼职人力。

我们社会人力资源库中最为丰富的是中年妇女，这里所谓的中年妇女是指最小的孩子已经上三年级，这些孩子不必每天回家吃午餐。中年妇女是美国重要的社会资源。这些母亲突然从烦琐的家务中解脱出来，每天孤零零地面对一堆电器，却没有人可以交谈，倍感空虚寂寞，于是外出工作。因此，我们必须善于有效地利用这些社会资源。

发展中国家的人口变迁情况与我们国家正好相反。那里的预期平均寿命还没有开始提高，依然偏低，印度的平均预期寿命依然低于40岁。

在这些发展中国家，出生率已经快速下降，速度超过西方，同时婴儿的死亡率以更快的速度下降。现在墨西哥的婴儿出生率约比1938年低30%，但是婴儿死亡率下降了90%：1938年每10个新生的婴儿，有8个活不到1958年；而在1958年出生的每10个婴儿，有8个可以活到现在。这是人类历史上最大的转变，而且是非常普遍的。

到1990年，发展中国家的人口爆炸将会结束。婴儿出生率和死亡率将会达到平衡，因为出生率仍然快速下降，但是婴儿死亡率总体不再下降或者以非常小的幅度下降。最迟在未来的15～20年，人口结构将呈现稳定平衡，或许会回到1920年的平衡状态。

在以后的10～15年，发展中国家最为重要的问题在于年轻人的就业问题，因为这群人缺乏熟练的技术，也没有高学历，但他们还是比他们的父辈受到过更好的教育和训练。更为重要的是，他们父辈以前都住在与世隔绝的小山沟，如果有人滋事，立刻就会有荷枪实弹的农场警察到现场处理。现在的小孩可以轻易跳上卡车的后门，四个小时后就能抵达大城市。1939 年出版的墨西哥旅游指南所描绘的世外桃源般静谧小镇——瓜达拉哈拉（Guadalajara）、普埃布拉（Puebla）、圣米格尔德阿连德（San Miguel de Allende）、瓦哈卡（Oaxaca），现在都已经是拥有 150 万人口的大城市。虽然城市的贫民区仍然不是理想的栖息场所，但还是比偏僻的农村条件要好很多。在城市里，他们有更好的饮食、更好的受教育机会，甚至有更好的居住环境和工作机会，这些都让他们愿意背井离乡，来到大城市生活。于是，大城市充斥着这些没有受过良好训练和教育的孩子。发展中国家如果要避免真正的灾难和社会动荡，唯一的方式就是为这些年轻人提供工作机会。但是，几乎所有这些国家的国内市场都不足够大，也许只有巴西或者印度是例外。其他国家若想为这些人找到工作，只能寄希望输出这些劳动力到发达国家。

因此，未来 15 年最为核心的经济议题在于，整合我们对劳动力的需要和劳动力对于工作的需要，在没有更为贴切的名称之前，我姑且称之为"生产分享"（production sharing）。这意味着手持式电子半导体设备是由世界上两个地方制造的——达拉斯和旧金山。这些芯片中的 70% 用于出口。钢板箱通常来自印度，因为俄罗斯在那里建立了世界最大的轧钢厂。俄罗斯为汽车工业在印度建造了拥有 200 万吨产能的世界最大的轧钢厂。不过，它们却忘记打造自己的汽车工业，这就是所谓的"中央集中计划"。所以，印度提供所有的薄型钢板，芯片则在摩洛哥或中国台湾等地安装，然后日本的贸易公司贴上自己的商标。顺带说一句，这是日本人做的唯一事情。然后你来告诉我，这个产品究竟是美国出口还是美国进口？我们出口到国外的芯片中，约 20% 又重新购买回来，剩余的80% 则卖到全球各地。我们为这些计算器付款，我们是全球最大的计算器市场，但是这些计算器是出口还是进口？

再以你和我脚上穿的皮鞋来说，皮革来自美国，因为美国是世界最大的产牛国，牛皮是牛的副产品之一。制革则越来越多在巴西进行，因为我们几乎没有制革的人力，所以无法在美国国内制革。然后，有些皮革输往海地制成鞋面，有些输往英属维尔京群岛制成鞋底，然后在波多黎各做成鞋子，最后在洛根市销售。这些鞋子到底算是在哪里制造的呢？这就是生产共享的含义。这样的生产共享，一方面是我们的希望，另外一个方面也是问题之所在。被这些国家生产所取代的制鞋工人人数并不多，只有约 65 000 人，但是所有这些人都集中在三个国会选区。这三个选区都是立场摇摆不定，能够左右选举结果的，因此备受关注而且非常强势。经济体之间的紧张关系，无法再单纯以国家经济为考量，政策势必越来越兼顾全国各地的需求。

# 5

# 大型知识型组织的兴起与管理

THE DRUCKER LECTURES

德鲁克的拥戴者也许会把他 1985 年出版的《创新与企业家精神》一书奉为 20 世纪 80 年代的经典作品。但是，他的其他两本书《最后的完美世界》和《行善的诱惑》也同样属于经典之作。这两本虚构的小说证明了德鲁克自己最为看重的作家身份（而不是教授、顾问或者他自己最为讨厌的"管理学大师"这样的称呼）。这些小说同时也宣扬了德鲁克的"管理是一种博雅技艺"这样的理念，他认为管理实务应该更多地涉猎历史、社会学、神学、心理学和文学等多方面的知识。德鲁克本人博学多闻，涉猎广泛，阅读简·奥斯汀，也阅读熊彼特，而且系统地从各方面汲取知识。

"我每隔三四年就会挑选一个新的主题学习，"他解释说，"新主题有可能是日本艺术，也可能是经济学。当然，三年的学习时间虽然不能够精通一门学科，但也足够窥见其中奥妙。60 多年以来，我坚持这种每隔一段时间换一个主题学习的做法，这不但丰富了我的知识，也迫使我接触各种新学科、新技术和新方法 —— 因为各行各业有不同的假设、采用不同的方法。"德鲁克有着丰富的历史人文素养。他对 20 世纪 80 年代弥漫的大公司的贪婪深恶痛绝，对 CEO 天文数字般的薪酬感到愤愤不平，同时也痛斥那些违反其理念的恶意收购的艺术家和华尔街短视的交易员，他称他们是"相互盗窃的巴尔干农民"以及"食槽中贪得无厌的猪"。

# 管理日益复杂的大型组织

来自 1981 年在纽约大学德鲁克专题讲座的演讲

如果回顾政治学的历史，基本上当我们谈到组织结构的时候，我们都会谈论治理和政治学的理论。西方传统政治学理论可以分为两个学派，其中一派是宪法学派，基本上强调的是，"该有什么样的合适的法律使得平民百姓的生活能够秩序井然，而作奸犯科之徒受到惩戒，不敢轻举妄动"。而另外一派则是承袭"基督君主的教育"的观念，可以追溯到古希腊或者更为久远。该学派强调重视"如何培养统治者，使得即使是在时局动荡和政纲混沌的时代，也能拥有英明的统治者。而且，如何把道德和领导力融入组织体制？"

过去 30 年，我们强调的是宪法学派的方法。这在美国这样的国家是不难理解的，因为美国商业结构的概念基本上是源于宪法的。姑且不论得失，如果你看一下组织理论，就会发现这些理论都受到了宪法深刻的影响。不过我认为这种影响的利还是大于弊的，因为宪法至少提醒人们要仔细思考限制权力的必要性。而与此同时，我们又有截然不同的思维，也就是"我们如何培养人才"。

在座年纪稍长的人估计还记得，曾经有人把我视为人类关系的先驱，这是想以培养人才的做法去抵消宪法学派的不足，然后实现组织发展的目的。但是，让我们坦白面对现实，这两种方法都没有奏效，虽然有一些少许的修正。现在我们应该正视人才培养的议题，因为这是解决当前许多问题的不二法门。

举例来说，现在跨国公司的结构大都是奠定于19世纪，主要是一家母公司，然后有分散在全世界各地、生产相同产品来满足本国市场的子公司。但是，现在这些子公司之间逐渐呈现出分工合作的关系。以福特嘉年华这款车为例，该车在底特律研发规格，德国负责设计，巴西制造车体，墨西哥负责传导装置。再以IBM办公室产品为例，资源的整合不是针对产品而是生产阶段，也就是在某地开展劳动密集的工作，在某地开展设计，在技术人员多的地方则开展技术性工作。

我想说的是，技术人员一向反对移民迁居。法国的专家宁可在临近卢浮宫的实验室上班，也不大可能愿意搬到霍博肯市去工作。我搞不清楚个中原因，不过实情就是如此，你也无法强迫他们搬到康涅狄格州，所以必须迁就研究员只能在原地工作的事实。这和20世纪50年代的情况截然不同，当时德国、奥地利和日本的研究员仅仅领取微薄的薪水，对于能去皮奥利亚这样的地方工作求之不得。但是时过境迁，他们已经不再热衷于移民。所以，现在思考如何整合的关键不是在于生产零件，而是生产阶段。产品通常在消费者所在的市场出售，通常是发达国家市场。因此，法国的子公司已经不再是传统意义上的子公司的角色。

然而，更难以处理的是在哥伦比亚的子公司。就制药业而言，哥伦比亚可算是一个发达市场。实际上，发展中国家唯一拥有发达市场的产业就是制药业。原因是，在现代医疗保健产业中，制药业是成本最低的一环，是贫穷国家唯一有能力担负的部分，占医疗保健项目的60%。因此，哥伦比亚处方药的人均费用，高于多数的发达国家。但是因为这些国家人口少，因此市场规模不大，大体相当于发达国家一个销售业绩良好的地区，比如曼彻斯特或者肯萨斯城。

因此，子公司的负责人必须是顶尖优秀人才，因为他的作用非常重要。他可能是位杰出的医学院行政主管、前医学院院长或者总事务长。他如何与高层交涉？他必须手腕高明，能够和当地政府沟通，也能够和为慈善医院采购药品的天主教修女打交道。你需要他的专才，然而这种人才在组织内属凤毛麟角。我们该如何培养这种人才呢？这是个复杂难解的新问题，传统、简单的组织结构已经难以应付。也许有人会提出：“当务之急是建立新的组织架构原则。”我的回答是：“我们没有这些原则，我们有的只是一些东拼西凑的东西。”

组织发展史上有两个非常简单的学派。其中一派来自法国采矿工程师、20世纪初管理理论大师亨利·法约尔（Henri Fayol），另外一派是通用汽车前总裁阿尔弗雷德·斯隆（Alfred Sloan）提出的，我称之为“联邦分权制”。这两派理论在各自的领域成效斐然，不过它们的使用都有着严格的要求和苛刻的限制条件。

当我初次听说贝尔电话公司时，我认为贝尔公司组织完整、简单，运转经营流畅。当时该公司98%的业务在它所在的地区，因为98%的通话和营业收入是本地通话。当时没有所谓的电脑传输或者现在耳熟能详的新科技。以现代的眼光来看，我们都知道贝尔电话公司急于把公司重整成为一个有管制、非管制和准管制的企业，这样的系统既不需要相互连接的区域系统，也不需要连接区域系统的长途系统。老旧的组织已经无法运作，所以该如何调整组织呢？我们没有答案，只有东拼西凑的一些做法，未来这类矛盾冲突的问题将层出不穷。

　　我们总是想把我们的组织建成机器型结构，是因为这种结构运作最为简单。科学管理先驱弗雷德里克·泰勒（Frederick Taylor）和亨利·法约尔都假设员工清楚知道自己该做的事情。例如，矿工的工作就是挖煤，简单明了，不是吗？然而，现在真正的挑战在于，面对日新月异的科技或瞬息万变的市场，到底应该做什么事情呢？

　　你可能会说组织需要一副骨架。我们知道，身高超过 15 厘米的陆地动物都需要一副骨架，不能只靠心脏和皮肤来支撑身体。组织结构图的权力条线和报告系统就是这样的一副骨架，但是现在这种组织衍生出各种各样的问题。如果有分支部门结构，那么公司的会计主管和分支部门的会计主管之间的关系就会变得非常微妙复杂，不能这样或那样地决策。你也知道如果涉及科技问题，协调团队都无法协调，其他方法也同样行不通。

　　然而，如何在旧有的框架下重建新组织呢？事实上，我们能够做到吗？回顾过去 30 年，税法和信用结构是企业创新的最大障碍，不过现在的情况不同了。在日本，在学校的成绩越好越优秀，上班的公司的规模就越大。虽然我们还不至于这样极端，相信规模越大越好，最大就是最好，但是也已经相去不远了。我们常常听说，某位优秀的人才希望到小公司去上班，但通常也只是说说而已。三年以后再看，这些人都到花旗银行上班去了，而且理由非常充分。花旗银行财力雄厚，有能力培养那些初出茅庐的年轻人。花旗银行有能力承担人事费用，而那些年营业额只有 200 万美元的小企业却无力承担，而且也无暇进行人才培训，只能任由人才自生自灭，而这些人也往往学到了一些错误的东西。企业必须建立学习制度。

在判断我们违反了哪些制度之前，我们必须先了解这些制度。我们只有在学会写 14 行诗之后，才能学会写自由诗。我曾经向当代伟大的作曲家、奥地利的安冬·韦伯恩学习作曲（我差点儿成为一个音乐家）。我满心期待以为他会让我写他那样的曲子。他却说："彼得，我亲爱的，你太小看变奏曲了吧！约瑟夫·海顿花了 30 年的光景才会作曲，况且你不是海顿，你也不过才学了 30 天而已。"我必须从传统的变奏曲开始学起。一年以后，他才说："现在，你可以尝试做些曲子了，不过要用点心。"不久以后，我把作品交给他看，他看后说道："我错了，你还没有准备好。"真是一语中的。

这也是为什么学生毕业以后，会选择到通用电气或 IBM 这样的公司上班：不只因为薪水高，还因为这样的公司有一套培训体系。小企业固然运作灵活、效率高，但是当你看清楚哪些事情需要做时，就知道需要更为庞大的资本、丰富的人力和长远的规划，而这一切只有大型组织才能够办到。

因此，如何在管理架构内组织企业家精神？再次强调，答案主要不在于组织结构，而在于人才、薪酬制度以及如何管理和安排每个人。

我们现在终于意识到了，大家在人类关系上犯了一个严重的错误。

他们谈论的是人类的天性而不是人类关系，这也是我们在处理人类关系变动这样的问题时常常力不从心的一个原因。我们把社会中的人类当成一个整体来看待，我们教导个人却没有真正地看到他们。我们并没有管理个人，我们管理的是工人和监理。这种做法固然无可厚非，但也是缺乏成效的原因，也足以说明为什么以诚相待却遭拒绝。组织发展的人认为，组织结构也是一个障碍，如果无法移除，至少要顺应人性，他们这样的做法同样是无效的。

骨架必须是僵固的。我们不可能调整骨架以顺应个体、顺应员工，但是我们必须把员工作为个体来对待，那么员工就可以学到作为个人能够学到的东西，人尽其才。我们必须不断向我们的员工提出挑战："思考应该让谁来了解你准备做的事情，然后清楚明白地表述是你自己的责任和工作。不要寄希望于信息专家来帮忙，这是缘木求鱼。你必须明白的是，谁应该知道你正准备全力投入的事情，以及谁需要靠你完成那些事情，然后对那个人说'我认为这是你需要我的地方'。这是建立关系的唯一的机会。"

我的每个客户都会告诉我一些可怕的个性方面的问题，这有些胡扯，组织很少有个性问题，组织必须具有包容性。彼此之间的误会是很常见的事情，然而个性的问题却没有听说过。不过比较常见的情形是，你不知道隔壁的同事在做什么，因为他没说，你也没问。所以，你认为他应该做你认为理所当然的事情，一旦发现他在做其他事情时，你就会认为他是个笨蛋或者蠢货。实际情况决非如此，他只是按照自己的节奏在行事，只是没有告诉你原委，而你也不知道。所以，个人要在组织中脱颖而出，就必须肩负起更大的责任。

# 以信息为基础的组织

来自 1987 年大不列颠奖颁奖（该奖项是《大不列颠百科全书》为表彰那些"为促进人类福祉传播知识的杰出贡献者"所设立的）演说

今天非常荣幸能受到大英百科全书的邀请来演讲。大家可能知道，我一向坚信——这是一种非常传统的信念——学习新知并传播知识是知识分子义不容辞的责任。有一种倾向认为，一个人越是深居简出，那么他就越高深莫测，这种倾向非常令人鄙视，也是反生产力的。过去200多年，大英百科全书一直致力于教育的推广和个人修养的提高，传播信息和知识，盛名远播，是历史最悠久、最杰出的信息和知识的传播者。能够受到大英百科全书的邀请，我深感荣幸。

顺应时势，我把今天的主题定位在以信息为基础的组织。现在，几乎每人都有一台电脑。上周我去波士顿和大女儿一起过周末，她的大儿子现在正在读大学。我问他："你已经挑好了打字机吗？"他以一种不可思议的眼神看着我，仿佛我就是一台打字机。"我需要一台大型主机样式的操控数据电脑。"他回答道。他还无法得到，因为他母亲的财务状况还负担不起。但是现在，几乎每个人都有一台台式机，所以你们都可以把妻子的洗衣清单录入电脑。

我们开始被信息淹没——其实是数据，而不是信息。我几乎是在 60 年前开始工作的，到 1987 年 7 月 1 日，我参加工作就整整 60 年了。60 年前我在德国汉堡的一家出口公司做学徒，用的是羽毛笔。那个时代的信息非常简单，严格来说，毫无信息可言，只有一张铁路时刻表，基本上就是这些。那时候我们必须学习不依靠信息进行管理，现在则必须有信息才能进行管理。

我们骨子里都认为信息多多益善，以量取胜，但是一旦信息不再稀缺，相信我，大家不久就会领悟到少即是多，越多绝对意味着越少。信息贵在品质，必须经过选择，必须能够转化成知识。大家应该明白，知识是能够行动的信息。其实专业人士都在各自的领域学习到了这个简单的道理。如果问一位经验丰富的好医生："你行医 25 年以来，真正学到了什么？"答案肯定是："从医学院，担任实习医生和住院医生所获取的大量的信息中，学习判断哪些是相关的信息，我现在知道如何回应患者的要求。"我们应该在组织中学会这种本领。

我们现在的信息系统，基本上是没有经过挑选的。你拼命收集信息，然后传播给尽可能多的人。换句话来说，你并没有获得信息，你获得的是数据。我们必须学会仔细思考：我需要什么样的信息？怎样的信息对我而言才算是信息？这是我们一直都没有做的。我在组织机构中工作的朋友们仍然认为，这才是信息专家要做的事情。好吧，信息专家知道如何获得这些信息，但是他不知道要获取什么样的信息，对此他毫无头绪。

因此，现在在组织内部，信息专家和管理层之间产生了一道鸿沟，彼此都认为对方不但是蠢货（其实言过其实），而且敷衍了事、玩忽职守。我认为信息专家比管理层的理由更能站得住脚，因为只有主管才能够深思熟虑出这样的问题："我的工作需要什么样的信息？这些海量的数据中产生出哪些信息？哪些是有关的信息？"

当然，信息专家可能会说："你看，副总裁先生，这样行不通，你需要想其他办法。"或者他可能会说："我可以给你这个，这个是按照你习惯的方式读取的信息。其他的信息就只有这些了。"或者会说："这是我能够给你的最接近的信息，可能无法完全符合你的要求。"这是信息专家的工作，主管的责任应该是仔细思考："我需要怎样的信息？"

现在我们必须下决心来解决这个问题了，因为我们拥有如此庞大的组织和庞大的信息系统。我们必须设计它们，集中让它们从杂乱无章的事实中和浩如烟海的数据中，找到所需要的资料，转换成信息并成为我们的工具。

1870 年，如果有人问道："人类最为成功的大型组织是哪个？"答案也许是当时殖民印度的英国政府。当时印度已被英国殖民将近 100 年，管理偌大一个南亚次大陆却只有不到 1000 个人，而且完全没有管理阶层。丛林之内有位区域长官助理，他是方圆 60 英里之内唯一会说英语的人，当时没有电报，更别说铁路了。英国只在孟买、马德拉斯（现金奈）和加尔各答三处派驻了副总督，除了流动的稽核和检查员之外，再无其他管理人员。虽然这些人都是年仅二十五六岁的小伙子，没有经过任何训练，却干得有声有色，连英国政府都觉得这难以置信。

为什么这些初出茅庐的小伙子没有经过任何训练和准备就能干得如

此出色？原因在于他们的工作目标相当明确，他们只要做好三件事情。第一件事情就是维护法律和秩序。区域行政长官在检查这些小伙子的工作之前，会去视察村子里的房子，如果发现当地的村民把房屋上锁，那么这位助理将立刻被解职，因为他的职责是维护村民的安全，必须做到盗匪绝迹，没有人家需要上锁。第二件事情是，他们要阻止印度境内不同种族和宗教之间的相互残杀。坦白来说，就这点而言，这些年轻人工作得要比现在的印度共和政府更为出色。在英国殖民印度期间，印度教和回教以及印度教和锡克教之间鲜有宗教冲突，而宗教冲突导致的死亡人数也远低于现在。他们的第三件事情是征税，而且按照他们的优先顺序，这项任务也是排在最后。因为英国政府当时认为，如果你不能够维护法律和秩序，那么你也不能够收税。他们比美国现在的政府官员更清楚施政的优先顺序。

每周六下午，这些小伙子必须坐下写报告呈送给副总督。报告的内容包括：摘抄上周副总督来信中列明的事情，然后进行回答："上周发生了什么事情？预计会发生却没有发生的理由？预期之外发生了什么事情，理由为何？预期下周将会有哪些事情发生？"每一封信都由副总督本人或者他的政务秘书亲自回复。如此一来，目标明确，结果可以衡量。因为门锁的数量或因牛起纠纷被杀的人数，都是可以计算的，结果可以被计量，因此税收也可以明确掌握，很显然信息提升了责任。

大型企业约在100多年前兴起，当今最成功的组织，当属大型交响乐团。现代的组织正迈向交响乐团的模式，这种组织的管理阶层人数少，各方专家人数多。三角铁的演奏者无意成为低音管乐手，更不会觊觎小提琴手的位置。他只想成为一个更好的三角铁的演奏者，就像计算机工作人员无意成为营销副总裁一样，他们只想拥有一台功能更为强大的计算机。我们拥有各有所长的专家，必须协调整合才能演奏出优美的乐章。顺带一提，古斯塔夫·马勒（Gustav Mahler，他一手打造了现代维也纳爱乐乐团）教会了我们一些东西。乐团和乐手的合约里规定，所有的乐团乐手每周必须参加五个晚上的演出，但是他却说："不，乐手是出席五个晚上演出，我们要求参加四个晚上的演奏，还有一个晚上要坐在观众席上聆听乐团的演奏。"也许组织内可以如法炮制，强迫员工放下手头的工作而去完成"聆听音乐"的工作任务，把他们从一种专业工作中轮换到另外一种工作中，或者可以重新送他们回到学校进修。

此刻，庞然大物式的组织比比皆是。我最近受邀到有 45 000 名学生的密西根大学。从各方面而言，这样大的规模一无是处。一旦学生人数达到 8000～12 000 人，管理上就会力不从心。像文理学院这样的大学，也许容纳不了 3500 名学生，甚至 2800 名学生，600 名的规模则太少了。一旦超过这个人数上限，你就会发现在管理上是非常困难的。达到 10 000 人以上，你只有增加更多层级的副校长。当时我到密西根大学时，他们的校长正准备离职，他们希望我和他们的咨询委员会谈一谈下一任校长人选。然后我说："我只能告诉各位一件事情，到了 2010 年，贵校副校长的人数将超过学生人数。"学校组织迅速膨胀，因为他们正在试图管理一个庞然大物。

我们开车经过纽约大学医疗中心，司机问我，这个中心本来有机会买下隔壁空地扩建，它为什么不这么做。我恰好知道这件事情的来龙去脉。该中心的病床数已经达到 2000 张，规模实在是太大了。即使是一个教学医院，最佳的规模也大概是在 900 张床位。你可以看到，小型机构能够建立更好的沟通联系。我们应该建立的是集中合作的组织机构而不是各自为政的机构，这样才会有明确的目标。我们也必须有提升信息、目标、绩效以及教育上司的责任。

你看到的组织将会是组织内有各种各样的专业人才，每个人应该——至少理论上是如此——懂得音乐，这样他才能知道法国作曲家克劳德·德彪西的整首作品听起来是怎么样的，而不是只关心巴松管的演奏部分。你必须肩负起整合的责任，把自己放在整个蓝图之中。命令是从上而下，而信息却是由下而上。我们正在面临重建的艰巨任务，这个任务我们才刚刚开始踏出第一步。

# 知识讲义 I：知识工作者的崛起

来自 1989 年在克莱蒙特研究学院（现为克莱蒙特研究大学）的演讲

作为一个资深的政治评论员，我经常感到非常诧异，为什么媒体和学者很少会注意到一个时代真正会产生深远影响和意义的事件。如果 200 年后有人问："20 世纪最为重要的事件是什么？"也许一些人会认为是让人心有余悸的两次世界大战，这一点也没错。没有一个世纪的难民像 20 世纪这样多。也许还有人会认为是环保问题。但是我个人认为，从现在往后的 200 年，大多数人可能会这样回答："20 世纪史无前例，意料之外的巨大转变是人们的工作方式发生了变化。"

让我们回到 20 世纪初，确切地说是 1911 年，英国首次针对社会经济问题进行了现代意义上的普查。当时家政服务人员也就是仆人是最多的就业人口，37% 的人通过为其他人服务来养家糊口。实际上，这次著名的经济普查把所谓的"下中层阶级"定义为家里的仆人数量少于三人的家庭。相信现在在各位的生活中，仆人已经是非常罕见的了。仆人在发达国家已经绝迹了，而且更为有趣的是，他们在发展中国家也逐渐销声匿迹。自有记录的历史以来，仆人一直是最大的就业人群，之前可能是作为奴隶或农奴。20 世纪初，我们还有人数众多的仆人，而到世纪末，仆人几乎绝迹。

另外一个庞大的就业群体——不仅仅是在英国，在其他发达国家也一样——就是农民。美国在 1900 年进行了第一次普查，当时农民刚好占总人口的一半。第二次世界大战结束后，农民占总人口的比例略高于25%。而在当时的日本，这个比例是 60%，约等于 3/5。现在，我们都知道，农民的比例已经下降到 2.5%，而日本这个比例也下降到了 4%。顺便一提，对我而言，上一次选举最有趣的是，美国农民成了被遗忘的一群人。还记得迈克尔·杜卡基斯和老布什这两位绅士吗？他们在各自造访一次爱荷华州，并做过一次类似的演讲之后就再也没有来过，也不曾对农业有只言片语。政客对于选民人数可谓精打细算，他们看着农民们说，"这些人不论把选票投给谁都无关胜负大局"，实际情况也确实如此。

然而，最重要且最有趣的发展并不是这两类劳动人口的消失。更值得关注的是，20 世纪我们经历了工厂工人数量的大起大落。1955 年，产业工人阶级成为发达国家在经济和政治上的主宰。但是在过去 30 年，这个风光了 100 年的阶级开始迅速萎缩没落。在 30 年间，美国工人人口从超过 1/3 下降到了低于 1/5。日本也发生了同样的情况。而工人阶级重要性的下降速度更快，这种重要性不仅仅是数量上的，还有质量上的。就在 25 年以前，很难想象在选举中有候选人胆敢不理会工会，而在 1988年的总统大选中，两位候选人都对工会置之不理。

我并不是说这就是最终的结局。如果你回顾资本主义的发展，问问谁是最大的受益者，相信大多数人的回答是"资本家"。但是这个回答大错特错。过去 150 年最大的受益者是产业工人，社会史上难有其他的事件能足以与此事相提并论。不过现在这一切突然结束了。

重心正在转移。顺带一提，如果你不理解这些，那么所有有关收入分配的数字你都无法理解。实际上，现在的情况并不是穷人越穷，富人越富，而是缺乏教育和技能的大量中产阶级不再增长，反而在快速萎缩。从现在开始，如果要过上中产阶级的生活，你就必须接受正式的学校教育。在过去的三四十年间，到学校学习不仅经济上不划算，而且也是不智之举。最明智的选择就是在 16 岁时辍学，到钢铁厂、汽车厂或者橡胶厂等有工会组织的大型生产型工厂工作。6 个月后，你赚的钱可能比你认真读书获得高中文凭后还要多，更不用说大学文凭和研究生文凭了。然而，这样的时代结束了。

我后天准备和一位大型汽车公司的主管会面，我们将要花一上午的时间来讨论人力。他们给我送来了一些他们公司的规划，在这些问题上他们产生了严重的分歧。有些人认为，到 2000 年，假设生产同样数量的汽车，他们的员工数量将是现在的 1/3，而另外一些人认为，这个数字是 2/5。不过，根据他们最新的工厂计划，显然 1/3 都多，这不是因为自动化，而是组织把知识应用到了工作中。

社会的重心正在转向知识工作者。千万不要问我：20 世纪教育普及是因还是果？这是个鸡生蛋还是蛋生鸡的无解难题，这样的问题没有答案。很显然，即使是在体力劳动者享有最高社会地位的美国，人们经过 12 ~ 16 年的学校学习，只要有可能，还是不愿意选择体力劳动的工作。

这是前所未有的新情况。

在 20 世纪初，如果你把受过教育的人从社会中抹去，没有人会注意到，受过教育的人太少了，他们只是装饰品。直到 20 世纪 20 年代，大多数美国学校老师才接受过正式的教学训练。第一次世界大战之前，大多数人只是完成了高中学业，仅此而已。然后他们被派往爱荷华去接手只有一间教室的学校。1920 年之前，医生和律师通常不必接受学校教育，从学徒做起就已经绰绰有余了。

此后情况急剧变化，这是人类有史以来首次大批人口可以通过知识工作来养家糊口。另外一个也许同样史无前例的是他们都在组织里工作。直到 1946 年，你才能得到一个纽约州的专业工程师证书，纽约州是第一个颁发这种证书的地方。如果你是受雇于人，你是无法获得这个证书的。工程师被认为是为自己工作的。实际上，第一次世界大战之前，美国只有两个公司雇用工程师：通用电气和贝尔电话公司。直到 20 世纪 20 年代以后才有其他公司跟进。

第二次世界大战期间，我们住在佛蒙特州，当地拥有一所很棒的小型社区医院。那个医院没有 X 光，没有急诊室，没有物理康复，没有病理学——什么都没有。有一位普通医生每周五晚上过来解剖尸体，每次可以得到 5 美元。今天的医院，每个病人配备四名员工。这些员工中 80% 不是不需要什么技术的洗瓶工或清洁工，他们大多是受过专业训练、受教育程度高的专业医护人员。同样的情况发生在大学，姑且不论好坏。当我首次接触美国大学时，当时并没有负责学校发展的副校长或者领薪水的行政官员，全部是教员。我无意评论其中的利弊，只是指出情况不同。

此刻我们处在一个重大的转折点。是的，我们现有的组织有传统的产业工人，但我们同时也有服务行业的工人。但这都不是就业增长的重心，也不是管理的问题和挑战所在。症结在于有许多从事知识工作的员工，有些员工训练有素、高度熟练，而有些员工学艺不精，良莠不齐。

知识工作未必都是需要高深技能或者需要博士学位。知识工作的定义是，通过正式教育过程学习才能从事的工作。档案管理员也许不需要高深的学问，但还是需要通过学习，因为没有人能通过直觉习得字母。真正的数学家或许靠悟性掌握乘法表，但我们一般人就是需要靠不断的练习才能掌握这些。这就是知识工作，必须通过正式的学习过程才能够获得。

我同时还要强调的是，能够被应用的才算是知识。学术界人士会认为，课堂上学习的就算是知识，决非如此。课堂上传授的是信息，当然我们还希望在课堂上获得学习能力。书本上的信息非常深奥，只有吸收这些信息，学以致用，产生效果，才能算是知识。

西方历史中最为古老的争论就是在苏格拉底和辩士学派之间的争论，关于知识是否是改变个人的东西，还是知识是一些你可以用来从事外部活动的东西。答案是两者皆是。如果你所做的只是让一些事情发生而你自身没有发生任何变化，那么你就不能算是真正地学到了知识。如果一些事情只发生在你身上，你也没有能够真正地使用知识。所以问题的症结在于：我们应该如何教导那些我们希望并能够学到一些东西和拥有信息的员工，以及如何让他们的工作更有效率？

首先要指出的是，提升知识工作者的工作效率和提升一般时薪工人的做法不一样。一方面，如果这些人出类拔萃，他们对自己工作的了解比老板还要多。一个医院的管理者可以立刻开除一个还不如自己懂得多的理疗师主管，因为在这个专业领域，你不希望他是个庸才，专业人员已经危害不浅。同样的情况发生在 X 光师、医学实验室、一线护士、市场研究员、冶金专家甚至你的销售员身上。因此，"照我说的做"这种观念已经行不通，因为我们自己都不知道该怎么做，但是知识工作者应该知道。

接着要说的是，学校教育培养了人们的自信、流动性以及宽阔的视野。在 10 年前的 1981 ～ 1982 年，我们遭遇了严重的经济萧条——不要把它称为衰退。就烟囱工业而言，情况比 1932 年的萧条更为严重。但是失业率却出奇的低，甚至是扬斯敦（Youngstown）这样的钢铁公司也一样。该如何解释这种现象呢？唯一的解释是老年人已经退休了，而年轻人拥有较高的学历，这是经济大萧条期间所没有的。此外，他们具有流动性和宽广视野。尽管这种视野也只是通过电视机来获得的，他们也是看到了整个世界，具有更为宽广的视野。没错，他们需要一份薪水，但我想说的是，他们都知道不愁找不到工作。

我的一些商业领域的朋友仍然在谈论忠诚度的问题。千万不要抱有这样的念头。要认清事实，工作对你的员工来说必须是有价值的。薪水是一部分价值，但仅仅只是一部分。组织的使命必须明确。请相信我，很少有员工会通过有朝一日公司被并购而一夜暴富这样的念头来激励自己。他们的使命是什么？组织必须提出明确而又远大的使命，同时也要有持续的学习、训练和标准要求。

员工在跳槽的时候绝对不会犹豫不决。每天我都会接到以前学生的电话，他们会问我："可以为我写推荐信吗?"我会说："你为什么想跳槽?"他们回答道："在这家公司我已经差不多干到头了，所以我想找找新的公司看看。"跳槽已经是司空见惯的事情。在过去二三十年间，美国增长最为迅速的行业是短期服务外包公司和猎头公司。员工是具有流动性的，我们需要认清这个事实。员工来上班都是自愿的，他们是自己心甘情愿而不是被迫来到公司上班，起码他们自己是这样想的。

# 知识讲义II：知识工作者的学习与反馈机制

来自 1989 年在克莱蒙特研究学院（现为克莱蒙特研究大学）的演讲

　　这次讲座的想法大约成型于一年半以前，当时我接到一个电话，电话中的人说："您不认识我，不过我知道您在研究管理方面做了很多事情，投入了很多心力。"我回答道："是，在研究管理上，我大概比其他人犯了更多的错误，所以我也算得上这方面的专家了。"

　　然后那个人说："三个月前，我从一位生物化学家转任全球规模最大的实验室主任，这三个月来我一直在探究我的工作的本质。今天我想请教您一个问题：'您认为研究是可以管理的吗？'"我差一点就对他说："如果你认为有必要问这个问题，那你为什么不重新回去做生物化学家呢？"然后我想了一会儿才说："我的回答是可以的，不过也不尽然。对于研究的管理和其他大部分领域的管理是不一样的，需要很不一样的东西。"这事之后，我便开始想，多年以来我见过许多类似的精英人士被同样的问题所困扰，是时候把我思考和学习的东西好好整理一下了。我研究思考出来的一些东西，不仅可以帮助这位实验室主任，也可以适用于任何类型的知识。顺便一提，这位实验室主任目前仍然在他自己的工作岗位上，而且我觉得他现在乐在其中。

多数人的工作，变化相当缓慢，无论是工作还是工具，不变就是规则。论及技能，很大程度上已经被证明的是，如果你在19岁完成了学徒工作的一切训练，那么直到退休，你都不需要再学习什么新知识。但是知识工作是个例外，它瞬息万变。

如果苏格拉底来到这个时代，作为石匠谋生的他走到现代雕刻墓碑十字架的刻石厂工作，我相信，他大概要学的东西并不多。古今工具大同小异，除了有些工具需要使用电池之外。但是，如果哲人苏格拉底走进现代哲学系，他就会听不懂半个字。我不是说现代哲学系的那些人懂得比他多，而是苏格拉底和他们根本就是两个世界的人。

这个例子很典型。几个星期以前，我刚读完一本书，是关于图书馆历史的。图书馆这个概念每隔30～40年就会改变一次。学校里图书馆专业的一项重大缺陷是把当时的就业技能当成一辈子的技能在教，然而，所有的经验都表明，图书馆管理员要学的其实就是如何学习新的知识。再以护士为例。过去二三十年以来，至少有一件事情没有改变：服务目的。可是现在的工作方式和内容，对于从1950年开始从事护士职业的人来说已经全然陌生。知识就本质而言，变化是非常迅速的，而技能则变化缓慢。

这就是我对于管理问题想说的第一件事情，大概也是我对那位实验室主任最大的帮助所在。在我们共同研究过一段时间后，最令我吃惊的是，他那个非常著名的大实验室，在运转上基本是静态的。我们可以增加新发明、新的洞察，但是没有改变我们工作的方式。一旦了解到这个问题，我们就开始明白：要克服他的瓶颈、减少挫败——是部分而不是全部——就需要建立反馈和学习的机制。大体上，这就意味着他必须坐下来和他的同事们进行沟通："我们学到了什么？这些东西会强迫我们做出改变，或者帮助我们跳出做事的框架吗？"

有些学术界人士或许知道，我们在这些方面做得并不好。学者基本上跟老师傅把工法传授给学徒没有两样，一旦拿到了博士学位便开始教书而停止学习。其实我们应该这么说："开始帮助他人学习，也是开始自学的时候了。"

以知识为基础的组织，某种意义上来说是不断淘汰自己、重新出发的创新组织，这是知识的特性使然，这不是技能的特征。我并不是说我知道该怎么做。我的意思是，我们开始明白知识和技能是完全不同的事情了，它们之间存在巨大的鸿沟。

各位应该听说过这个故事：有位毕业生在毕业 40 年后返校参加同学聚会，以前的经济学教授还在任教。同学会在 5 月举办，当时正值考试期间。这位毕业生看了考卷以后说："史密斯教授，这些题目中有一些你在 40 年前已经考过我们。"教授点了点头说："没错，但是答案不一样。"我们总把它当成一则笑话。错！这其实是一种智慧。问题的答案不会和以前一样。答案不一样了，是因为我们学到了更多。最主要的是，我们学到了一件事：40 年前让你成绩拿到 " A+ " 的答案在今天可能就是错误的答案。我们解决问题的方法已经发生了变化，这就是因为你比之前又多学到了一些，把人类无知的边界又往后推动了一点点。

在学习中，你必须有计划地抛弃一些东西，否则的话你就会不堪重负。与研究机构合作你会学到的一件事情就是，过多负担导致它们停滞不前。没人拥有无止境的资源，在知识工作领域中，你必须从改变、增长、创新、机不可失的时机开始。但是想做到这一点，只有通过淘汰不会产生结果的资源，才能让各项可用的资源为你所用。

我们需要的另外一件东西是专业化。大部分人顶多有一项专长，很多人一项专长都没有，只有极少数的人拥有超过一项专长。我想你应该找不到同时拥有三项专长的人。然而与此同时，电脑程序员自身并不能生产任何产品，但结果却是跨领域性质的。

所以说，没错，你必须学有所长。不过知识具有另外一项非常独特的特点，那就是重要的新进展不是来自这个学科的专家那里，而是来自这个学科外部。放眼所有领域皆是如此。比如说，历史学科内容的改写全部归于外部因素，包括精神心理学、经济学、人口统计学以及考古学。这些内容，我在上学时代没有听哪个历史学家说过，即使有，他的教授也会说："你看，读书就是要学习如何阅读文献资料，光这些就够难了。"同样地，我们来看看电脑的前身。电脑几乎没有祖先，一代新产品的问世，多半不是电脑科技本身的进步，而是受到了其他领域的影响。或者我们来看一下马自达汽车，马自达在美国奥兰治有一家设计中心，他们那些灵感、点子都是从哪里冒出来的呢？其实没有半个是从汽车设计中出发而来的，通通是从钣金或材料学上想出来的，因为打造一辆汽车需要的是合金、塑料和各种各样的材料。我敢合理地推定，汽车设计工程师上课的时候都没有学过这些。

既然如此，你又如何进行组织规划呢？你除了需要一门学科作为基础，还必须理性判断外面发生的哪些事情是有意义的。专业学科是一个必要的容器，不过这个容器是短暂的，非常短暂。所以你要怎么做？有很多公司已经意识到了，聘用一位专业奇才来当研究部主任是远远不够的，你需要的是能够觉察外界动态的技术人才。这方面还没有可以依循的模式，一切仍然有待我们去学习。

最后要谈的是，工作并非只有良好的意愿就可以了，既然是工作，就必须有对工作的衡量考核。可是每当我用"考核"这个词时，很多人就会不高兴，他们会说："我所做的工作是没有办法评估考核的。"

我想我还没有告诉大家我是如何进入研究管理领域的。那时我们刚从新英格兰搬到纽约，我在纽约大学教授管理学。当时我有一个邻居，他是一家大型制药企业的研究部主任，我发现我们两个都热衷下棋，但棋艺都不精，没有人喜欢和我们下棋，于是我们两个就经常在一起玩。有一天当我回到家时，这个小老弟已经在我家里等我了，一副焦躁不安的样子。他平时总是很安静。我说："斯坦利，怎么了？"他说："你知道，我老是和你抱怨我们公司有多乱七八糟，简直是无药可救，实在需要重新管理整顿一番了。6个星期前公司来了一位新总裁，我非常高兴，他来是要好好管理一下这个地方了。好啦，今天他把我叫过去说：'斯坦利，我接受你的提议，我将成立一个预算委员会，每个人都需要提一份预算。'然后我说：'太好了！'然后他说：'斯坦利，你来做这个委员会的主席，我要的第一份预算就是研究部门的预算。'然后我说：'总裁先生，研究工作不是看我们部门做了什么，而是由我们在那一堆老鼠、天竺鼠、白老鼠和仓鼠皮下注射或灌食之后，它们做了什么来决定的。'于是他说：'既然如此，斯坦利，请你写出辞呈并提名那只聪明的仓鼠，我们决定由它来担任研究部主任。'"

我花了 6 个星期的时间，才让斯坦利理解那位总裁想跟他说的那番道理，但他一直不能真正地接受。许多人在听到"知识工作"的时候都有相同的感觉。换句话来说就是，他们觉得知识是没有办法量化的。所以说，我们必须想清楚该如何衡量，如何考核评价。我想我们可以从集中考虑知识工作的结果开始思考这个问题。

其中一项结果就是生产率。知识工作的生产率一向偏低，原因并非人们工作得不够努力，而是我们不知道生产率的含义是什么。过去靠人力劳动的时候，我们犯过同样的错误，当时我们衡量生产率是看流过多少汗水、多辛苦、多费事或者工作多令人讨厌。在 20 世纪泰勒提出"科学管理"之前，生产率的衡量标准主要是看人们回到家有多疲惫。好吧，那其实衡量的不是生产率，那是衡量一个人有多不称职的方法，我们现在竟然还拿着这些来做知识工作的考核方法。

我要再回到一开始我提出的问题，也就是一年半以前，那个实验室主任提出的问题："知识可以被管理吗？"答案是：我们不知道。不过我们的确知道，知识必须被管理，如果知识没有被管理，那么它就只有成本投入而没有产出。我们还知道，知识的管理有别于其他管理，在着手进行前，你必须先掌握几项前提，而不能总是凭直觉行事，因为我们不能从一般的角度来看待知识。前提一，知识本身一直是在变化的，你知道的越多，变化就越大；前提二，知识本身是投入，然后它必须能整合到产出中；前提三，知识必须集中，如果太分散，你的收获就会变小，你得到的只是新闻片段，而不是知识。

最后，我们知道知识只有一个标准。也许卓越是个大而空的词汇，我讨厌用这个词。但你必须有这种自我期待，才不至于敷衍了事。这些就是我们对作为资源的知识所知道的几件事。知识无处不在，却又是稀缺资源。过去人类几乎不需要知识，或者说只需要非常少的知识。但是现在，知识是现代发达国家和社会的关键资源，而我们才刚开始学习如何去管理它。

# 知识讲义Ⅲ：知识工作者的激励与考核机制

来自 1989 年在克莱蒙特研究学院（现为克莱蒙特研究大学）的演讲

今天我们要付一份薪水给员工，我们最好要求他们承担某些责任。如果我们付了薪水，却把员工当成小孩子，那会导致道德败坏、人心腐化。员工要为自己的工作表现负责，不论是个人还是团队。我们必须去问："在未来的 18 个月，你对这个组织会有什么价值？"跳出碰巧和预算周期一致的年度考核的陷阱。最好是把他们分开来讨论。你应该这样问："你或你的研究团队，或者百货商店这层楼，这个卖场，对整个组织有什么价值？可以带来哪些贡献和成果？"

你第一次问这样的问题，员工会觉得很难回答，他们从来没有思考过这样的问题。我相信，大多数人，是从工作的数量而不是结果来看待工作的。人们总是说："我总是最早一个到办公室，最晚一个离开。"好吧，如果你的工作是值夜班的守卫，这或许可以说得过去，但其他人可不行，你的贡献在哪里呢？

在某些情况下，这个问题实在很难回答。我的意思是，如果有人问我这样的问题——现在我们的院长也在台下就座，也许我不应该谈论这样的事情——如果我问你研究学院对我应该有怎样的期待，就发生在学生身上的影响而言，我还是很难以回答。因为对学生产生的影响是我们唯一能看得到的成果。不过，提出这个问题也好，至少我们不得不思考。再者，当你的员工或者工作团队做出答复时，不要马上同意，也不要一口回绝。要不要批准他们预设的目标是你的权力，也是你的职责，但是请你先仔细考虑清楚。

要我说，考核从预设的目标出发。现在，十有八九会出现这样的情况，18 个月以后，当你坐下来看一个人的工作表现时，你会发现原来设定的目标已经发生了改变，新年度开始的三周以后，你把他叫过去说："乔，我们现在有个紧急的案子。"或者"原来的计划是必须先更新设备，可是现在我们没法办到。"不过，至少他们已经知道自己已经偏离了预设的目标。

接下来要说的是，一旦你的员工认真思量了他自己的表现，来接受你的评判指教时，请把重点放在员工的成绩和贡献上，然后再谈谈表现不尽如人意的地方。亏损、坏习惯、疏忽、有待进步之处，这些自然会统统浮现，你不必非把它们一一指出。你可以说："你或许对自己有些太苛刻了。"或者"这是一次很值得尊敬的表现，不过在这方面，我想你是不是有点太轻率了。这件事情很重要，虽然达到了过关的标准，但是不够好。"总之，把目标设定与考核的重担放在员工个人或者团队肩上，让他们自己扛起责任。

需要澄清一点：有些地方你需要把团队按照整体来对待。例如，你几乎不可能去考核一个研究部门的个人，因为有太多的工作得靠整个团队的通力合作才能完成。在制药公司，初步的纯理论研究阶段大多是由个人钻研完成的。可是进入综合成药研发阶段时，就需要生物化学家、药理学家和其他医学人员等各方面的专家，这可是实实在在的一个团队。所以，你每三年要找他们谈，对他们说："各位的贡献已经非常突出，那么接下来各位想在什么方面有所贡献呢？"这样并不是事情的终结，而是你已经把责任放在这些员工身上了。

有些人问我关于销售人员所做的贡献。我不知道各位有没有发现，销售人员的生产率在美国经济中是下降最多的一群人。如果剔除掉通货膨胀的因素，今天百货公司推销小姐的业绩只有五六十年前的一半。其中一个原因是，我们把本来的文书工作都增加到她们身上，她们现在不再为顾客服务，而是为电脑服务。

在这期间，最近几年更少的零售环节也显现出巨大的成功，如GAP，都遵循了相同的做法。他们跟销售人员说："我们对你们可以有什么样的期待？"然后又说："顺便说一下，你需要什么样的信息和工具？"再说："我们造成了什么阻碍吗？"在大多数组织中，员工总是被各种束缚，很难有所表现。因此在管理知识员工（当然不仅仅是知识员工）上，很重要的一件事情就是，我们每隔9个月就得主动询问："这个公司、这个部门以及身为主管的我，在你的工作上有哪些地方可以帮得上忙？又有哪些地方对你造成了阻碍？"接下来你的工作是尽可能地为员工清除障碍。

当你提供了让员工表现的条件，便可以要求他们有所表现了。总之，尽量让员工自己去承担责任。你可以这么对员工说："好吧，与两年前相比你没有什么进步，你都没有学到一些什么吗？"这样你就没有太多的麻烦了，尤其是你已经承担了这样的责任，员工拿到的每一分钱，都付出了相应的工作努力。

你知道，市面上励志的书可以堆满这一整个房间，而且还会有50 000多本没有地方放。麻烦是，我们不知道该如何去激励人，所以才会出版了这么多书。但是我们倒是懂得怎样去扼杀员工的积极性，打击人心。

其一是让那些拿了薪水的员工很难去完成他的工作。其二是纵容差劲的员工。差劲的员工会腐化人心，搞垮组织。如果是那些年纪大又已经工作了49年的员工，那么就算了。正所谓"天恩眷顾，在所难免"。否则的话，默许那些差劲的员工会让与他们共事的同事士气低落。你的责任是不能纵容这样差劲的员工，这也是对好员工应尽的责任。当好员工看到所有的人都得到了同样的奖励，但是有些人明摆着敷衍了事，这样是打击人心的，这样的事情会造成士气低落。其三是没有把合适的人放在合适的位置。你要花时间去做人事安排，千万不要有任何人可以做任何一件事情这样的想法。这也许在流水线上勉强可行，但即使是在那里，也未必能行得通。但如果是知识工作的话，你千万要在人事安排上花点时间，好让员工得以发挥其所长，有更好的表现。没有什么比成就感更能激励人心的了，也没有什么比挫败感更能打击人的了。

这些都像基本的卫生习惯，我们再熟悉不过了，没有什么新鲜的。但是就像大多数的卫生习惯一样，我们都忽视了。总之，要把工作绩效的重担放在员工身上，并让他们相信，自我绩效考核可以让他们达成工作目标，或者是你所说的绩效目标等任何目标。然后你就不用再充当裁判员的角色了。人类实在是不适合做其他人工作的裁判。绩效自然会做出裁判，绩效也会显现出什么地方是需要学习的。

　　实际上，让员工自我绩效考核时，可以这样问："你需要学习一些什么？你需要改进哪些方面？你需要做出哪些方面的改变？"另外，有些东西他们需要的是更多的实践经验，他们或许懂得学科理论，但是实际的操作不够。这时并不是要重新回到学校学习，而是需要更多的实践方面的练习。还有一些情况，他们得再把书本拿起来好好读一下，或许是他们学习的那个课程年代已经久远，或者是他们该翻出成本会计的课本重新温习一下，他们对某些领域已经相当生疏了。

　　最后一点，有些领域的员工需要汲取新的知识和新的技能，他们必须重新回到学校进修。这个时候，谁来支付费用的原则就非常简单了，如果这是和工作相关的，你就需要补助。有一点我必须指出，非营利机构的最大缺点就是，机构不再提供补助。它们强烈排斥员工获取额外的知识和技能，这非常愚蠢，眼光短浅，最后什么东西也没有能节省下来，进修这件事情就是要花钱的。

　　那我们需要怎么做？我们必须强调绩效表现，我们需要有淘汰的能力，不论是针对过时的产品，还是不能再生产的工厂、商业、部门或者是一项技能。

　　现在很多情况是，有些技术已经是相当过时，你可以提供给员工学习获取新技能的机会，但是需要在一定限度内。现代社会流动性很高，当你不再需要胶体化学家时，就不要再好心留下他，让他另谋高就才是明智之举。而在技术和商业的驱使下，我们应该给员工以去留的自由。

　　自 20 世纪 30 年代开始，美国工会推动工作成为一项财产权，限制雇主随意解雇员工。如今我们把这视为美国缺乏竞争力的主要原因之一。在欧洲则情况更糟。不过你们知道为什么会有那些工会规定吗？很大的原因是资方没有意识到真正需要的是什么。

如果我们不提出一些正当的工作保护的政策，改变资方随意、武断的解雇行为，那么我们终将会受到工会或者法院的痛击。像终身教职制、工会规定、工作限制等这一类的束缚和牵制，影响如此之大，现在资方不能再等到官司上门了才采取行动。我发现资方现在至少要等到输掉一轮官司之后才会做出一些反应。

如果我们不做明智、正确的事情，让公司和员工都受益，那么我担心，20年后我们会发现我们已经被各种非常严苛限制的法规压得喘不过气来了。我们没有永远，也许我们只有等到官司缠身才会接受社会改变的事实。但是，可以肯定的是，至今我们的起诉案件已经足够多，大家应该接受这样一个事实，那就是问题是存在的，也许我们现在最好开始行动，不要等到迫不得已的时候。

# 知识讲义IV：知识型组织的新挑战

来自 1989 年在克莱蒙特研究学院（现为克莱蒙特研究大学）的演讲

今晚我们要谈论的主题是以知识为基础的组织。也许一开始我们最好来想象一下，一家企业在未来 10 年、12 年或 15 年会是什么样子的？

我们可以很合理地假设，以销售额来说，10 年或 12 年以后，典型企业的业绩可能会比现在多出很多（除非发生大规模的战争或经济大崩盘），发达国家的经济可能会呈现出更快的增长速度，而这还未考虑东欧的开放可能带来的经济的大幅提升。同时，我要说的是，在企业薪水单上的员工数量不超过目前的 1/3 或 1/4。

注意，我说的是"出现在薪水单上"的员工的数量。我并不是说为企业工作的员工数量会以这种方式锐减。

没错，大部分企业的蓝领工人会持续稳定地萎缩。前几天，我和一位全球最大汽车公司之一的主席聊天，该公司蓝领工人的人数在过去 10 年内下降了 40%。我们还谈到了，为了在和日本的竞争中生存下来，该公司在未来 10 年还得再把蓝领工人的数量削减 40%。为了获得工会的合作，该公司将必须在削减工人数量的同时，提供工作保障，如果真有可能办到的话，这也不是一件容易的事情。

这跟新机械自动化没有什么太大的关系。实际上，这全是因为厘清了工作流程，使日程安排更为妥当，零件的配给更为精准。换句话来说，这只是一个管理改善的结果，跟机器新发明没有什么太大的关系。15 年后的企业组织会更加扁平化。美国通用汽车公司现在的管理组织有 28 层，大家都知道，我们在 40 年前订下的不成文规定是，要判断一个人的表现，那个人必须在这个工作岗位上服务 3～5 年的时间。如果用 28 乘以 5，那你就知道如果待在通用汽车，你得等上 140 年，通用才会考虑给你一个高级管理的职位，有时候，他们的确就是这么做的。

过去 20 年，我一直在说，一家大型公司只要削减一个副总裁的管理层级，那么这家公司的产量就会翻番。如今终于证明我所言不假。其主要原因是，在传统的组织里，我们主要做了两件事情：首先，我们复制了军队的指挥模式，我们建立起了适应战场需要的人力体系，结果却造成了大量的冗员；其次，我们过去把管理层当作信息传声筒。随着我们逐渐学会如何建立信息系统（相信我，我们学得很快），这么多层的管理层将会是非常多余的。所以，组织的结构将会是扁平化的，是在直接责任的基础上架构起来的。

出现在公司薪水单上的员工数量的减少的一个最主要原因是，越来越多的工作被外包了。回到 30 年以前，美国没有一家医院把餐饮和内务外包出去的。如今，几乎没有医院还会再去做这些。大多数工作被外包了。另外，虽然现在不少大学仍然自己承办餐饮伙食，不过这在现代社会已经是异类了，越来越多的大学宿舍也不再是由大学管理，而是由承包商管理了。还有全球最大的建筑公司之一刚刚成立了一家制图公司，这家公司的建筑师占49%，绘图员占51%。这家大建筑公司在全世界拥有63家分公司，遍布悉尼、台北和奥地利，它把所有的制图工作都交到这家位于肯塔基的制图公司来完成。

5年前，这些建筑师不可能把制图工作放在肯塔基，但是如今有了传真机，这一切都不成问题。总公司可以得到它们需要的草图，而绘图员并不需要去接待客户，甚至根本不必做出任何决定，所以他们没有必要在洛杉矶或东京的市中心。只要有传真机，在肯塔基州莱辛顿的绘图员，对任何人而言就都像在隔壁一样。

这样的事情还会层出不穷，而且理由会十分充分。首先，外包可以让公司的聘用机制更有弹性。你可以与承包商或承包商的员工解约，但是你没有办法如此简单地解雇自己的员工。日本人已经奉行这种做法30年了。74%为丰田工作的人不在丰田公司的薪水单上，而是受雇于丰田的承包商或者供应商，由于各种各样的历史原因，这种情况已经存续多年。这就使得在日本，"终身雇用制"成为可能。在丰田薪水单上的员工一半为男人，一半为女人，而在日本，由于某种原因，女人被自动视为短期员工。然后，供应商的员工不算是丰田的员工，没有就业保障。因此，丰田的终身制员工仅仅占到总工作人数的1/7。

人口结构的压力也迫使企业将更多的工作外包。随着越来越多的中老年妇女和半大孩子想要进入劳动力市场，人力市场上的大多数人不再是资深的副总裁，而是职员和职员督导，长时间的城市通勤对他们来说太过辛苦。只要有可能，这些人就会找离家比较近的工作，而不愿意花两个小时在高速公路上，辛苦地挤进洛杉矶市中心上班。光是这一点就足以加速外包的趋势，因为要监督这些人、训练他们，就需要在有很多这样人口的波莫纳谷（位于洛杉矶市区东边）有一家外包服务公司。换言之，就是这个公司有很多个顾客委托人，是一家独立的承包商。

另外一件事情是，不出 12 年的光景，即使是一家很小的企业，也许还有许多非商业组织，管理的时候都需要把全球经济纳入考虑范畴。我的用词非常谨慎，我并没有说："必须投身于世界经济之中。"现在这种说法非常流行，但是我觉得非常愚蠢，是无稽之谈。多数企业，而且是绝大多数企业无法积极地参与到世界经济中。

如果你是丹麦的一家纺织品制造商，你必须从外国进口棉花。但是，这并不意味着你已经跻身世界经济当中，这只能说明你购买了一种商品。又或者你购买了纺织机械，你是从瑞士购买的，因为瑞士生产全球最好的纺织机。可是，你也没有跻身于世界经济之中。你的商品可能只在丹麦销售，也许出口了一点儿到德国北部的南部边境地区，仅此而已，你的市场是地方性的，在方圆 100 公里以内，驱车两小时可达，这种情况非常典型，而且不会发生多大的改变。然而那家丹麦棉花纺织品生产商不仅需要阅读棉花商品市场日常的价格数据而且还要关心全世界纺织业的动态，否则就会撑不了多久。即使它的商品市场是当地的，而且大概也走不出使用丹麦语的国家，它也必须考虑到全球经济，把这些纳入管理中。这里的假设不是世界每个地方都是你的市场，相反，每个地方都是你的竞争对手。

在未来 12 年里，你可能看到更多的是伙伴关系日益普遍。所以你必须懂得跟那些既不是公司员工也不是局外人的人合作，你知道，北卡罗来纳州的人对这种人有一个美妙的称呼，就是"kissing kin"，那些见面打招呼亲吻脸颊的远亲。这将是一项巨大的挑战，也就是说，你必须明确你的目标、政策和战略，因为你无法迅速改变。你不能命令别人说："你必须做这个，否则你就滚蛋。"换言之，早在展开行动的前5年，你就必须全盘考虑清楚，因为你需要那么长的时间来说服别人。

我们多数人认为，当我们说到人事关系时，我们讨论的是普通员工。其实这已经不是问题所在了。撤销几个管理层，意味着各层的经理都被降级了。你或许可以给他们加薪，或者用"资深助理"这样好听的头衔，可是没有人会被愚弄。而且当人们的权力越小，他们对权力的要求也就会越高。所以，这些人的反对是会非常强烈的。今天的MBA毕业生会抱持有错误的期待。他们期待成为经理，可是他们将不会成为经理。他们会成为专业人士，薪水很高，但是不会成为经理，因为没有那么多的经理职缺。所以他们会觉得遭人背叛，而且这样的情况已经开始。

过去几年来，美国汽车产业致力于争取工会一般员工的合作，所有人都预计会有来自工厂车间的激烈反对。然而事实上，几乎一件也没有，反而全是来自各级主管和工会总干事的反对。骤然间，汽车公司人事部需要关注的不再是一般员工，而是工会管理阶层和他们自己的工头领班。以后这种事情会越来越多，而且无论是好是坏，都将增强人事部门的运作。

最后，未来10～15年，我们将不得不应付管理层合法性和可靠性的问题。一旦生产组织的机构改变——这是极度敏感的问题，我正在踏入雷区——新的社会阶层便会成为社会主流群体。在1000年前左右，机器首次在西方成为生产工具。800年前，风车和水车只是玩具，可是到了 1800 年时却成了欧洲的生产工具。不久之后，纺车传入了欧洲，据传是中国发明的，但是在欧洲作为生产工具得到了大量使用。

接着从中东的波斯帝国传来了马镫和马项圈。封建骑士成为社会主流新阶层，因为有了马镫和项圈，就可以在马背上打仗了。在那之前，骑马射箭肯定会从马上摔下来，因为射箭得靠双脚着地支撑，而马镫正好给了着力点。否则，根据牛顿第二运动定律，"每个作用力必定对应一个大小相同的反作用力"，人一定会从马上摔下来，所以封建骑士成了一个主流阶层。另外一个主流群体是手工艺匠人。古罗马和古希腊的城市不是手工匠人的城市，主要是奴隶之城。突然之间，出现了工匠、匠人协会和瑞士织布工、鞋匠、铸剑师、金匠和车轮修理匠人，他们打造了新的西方城市的社会形态。而 800 年之后，17 世纪末期，蒸汽机被设计了出来，尽管旧的阶级并没有消失，但是也被边缘化了。新主流阶层成为蓝领行业的工厂工人，以及我们通常所说的资本家——他们懂得利用金钱投资组织生产。

现在，信息已经成为组织的新原则，那么新的社会阶层是哪些呢？蓝领工人已经退出社会主流阶层。我指的不完全是就业市场人数，而是他们已经不在舞台中央。也许他们还可以得到奥斯卡配角奖，可是没有人会买票去看最佳配角。知识工人已经迅速站在了舞台中央成为主角。

那么谁来继承资本家的地位呢？答案已经很明显了，因为那个人已经站在了舞台上，就是经理人。那么管理高层必须对什么人或者什么事情负责？资本家要向股东有所交代，我们知道这样还不够好。可以预期的是，经济要成长发展，不能光靠眼下的股东收益，因为这样太过短期行为，而且想要创造财富生产能力，大部分需要花费 5 ～ 10 年的时间。

　　所以我认为，我们需要的钱会更少。当我们观察新的产业的时候，例如对比软件行业和联合炼钢厂，你就会发现这些新产业并不是资本密集的。这并不是说钱不重要，而是说组织不能受控于筹措资金提高生产率的能力。相反，汇集重要稀缺知识资源的能力将会是一个新产业的根本。

　　这就引发了许多问题：什么是绩效？我们如何去衡量？我们如何阻止权力被滥用？你在很多企业集团看到了权力的滥用，因为联合企业的唯一目的就是扩大管理层和满足虚荣心。这样做的目的并不是出于经济方面考虑，只是权力的滥用。短期和长期之间的平衡是什么？市场地位和盈利能力之间的平衡又是什么？创新和可持续性之间怎么做才算是平衡？

　　以上这些事情，我们可以在学术层面谈论，却没有真正地去定义和衡量，仍然有待人们进一步探索。我们来回顾一个在 20 世纪初激烈争论过的议题：当代最伟大的社会学家索斯坦·凡勃伦（Thorstein Veblen）提出的技艺本能和习得本能的两极化绩效。换句话说，两者都是绩效，但是非常不同的绩效。两者都是你所需要的。你需要经济绩效也需要技艺本能，技艺本能用现代术语来说就是营销和创新。

　　所以，论及 10 年以后以信息为基础的组织，人们已经可以勾勒出几项重大挑战：将中间的管理层转变为专业人士，有专业知识的贡献者，而不是在工作上指挥别人生产的人。现在，他们必须让自己具有更高的生产率。

# 知识讲义 V：管理者的能力要求

来自 1989 年在克莱蒙特研究学院（现为克莱蒙特研究大学）的演讲

  女士们，先生们，晚上好，欢迎莅临我们最后一次讲座。开始之前，怕我忘记，先祝各位有一个非常愉快的圣诞节，并祝新年快乐。

  大家都知道，我们上一场讲座的主题是"你"。到目前为止，我们从各个角度讨论了社会和组织的重大变动。今天我们要来讨论的是，这些变动对人们有着什么样的意义？这些人不仅在这个社会和组织工作，也必须在这里生活，此外他们也必须实现和成就事业，做出贡献。我一开始要说到的这件事情可能会让在座的各位有些吃惊。过去 35 年，每当有人问我"最好的管理书是哪一本"，我都觉得这个问题非常容易回答，我的答案一直都是："阿尔弗雷德·斯隆的著作《我在通用汽车的日子》。"我现在仍然会这样说，这本书出版于 1964 年，当时斯隆已经 88 岁或 89 岁。35 年来，我时常把这本书拿来参考、查阅，但是并没有真正详细地阅读过这本书，直到几个星期前，出版斯隆这本书的双日出版社找到我说："我们打算再版这本书，你愿意为这本书写一篇序吗？"我几乎是毫不犹豫地就答应了。

因此，我必须要把这本书重读一次，它真是精彩绝伦，我再次被震撼到了。这本书或许是现在最好的一本对企业管理进行案例研究的书，每一章都是一个案例分析。最让我受到震动的是，很多案例虽然发生在20世纪二三十年代，基本上这本书是和第二次世界大战一起结束的，但时至今日，并没有什么新的变化。几乎可以肯定的是，你和你的接班人在公司里会碰到同样的情形。这让我想到一个我认识的非常睿智的人。应该是在1960年左右，我们谈到了管理层爆炸性增长的问题。我的这个朋友说："彼得，你知道今天经理人所做的事情，99%和1900年的经理人是一样的，只不过是今天的经理人人数暴增。"我觉得这真是智慧之言。

我们多数人现在所做的事情，和我们的祖先没什么两样，只不过是现在需要更多我们这样的人，这就是我们现在为什么会有商科学校。100年前，我们只需要少数经历千锤百炼、天赋异禀的管理人员，但是严峻考验的后果就是人员伤亡率太高，我们承担不起，因此我们有了学校，学校基本上是一个保护，一个保护性装置。

学校的功能基本上是传承，而不是创新。可以肯定的一点是，当你在阅读斯隆的书时，当时他使用的术语显得有些过时。看着他费劲地来描述现金流，我不禁莞尔一笑。这个名词当时并不存在，他不得不向别人解释，不过他解释得非常清楚。斯隆曾经接受过作为工程师的训练，但是他毕业于1900年之前，我不能确定他使用了什么工具，是不是有计算尺这样的东西。可以肯定的是，当时没有电脑。可是书中提到的状况跟今天你面临的情况没什么两样：资金分配、组织中的决策、如何根据员工个性做出合理而必要的规范，现在并没有什么新的东西。所以我首先想说的是，是的，工具改变了，专用术语改变了，着重点改变了，可是要做的事情基本上是一样的，没有改变。

前几天，我和一位医学界顶尖的精英研究员有一次交谈，我们谈到了现在科学仪器的巨大进步。然后他说："但是你会发现，当我们谈到根本能力，也就是一个医生对病人的看诊能力时，我们没有人拥有希波克拉底（Hippocrate）那样观察入微的双眼。那已经是 3000 年前的事情了，如果我们能把这套本事教给年轻的医生，那么其他的事情就再简单不过了。"

未来的主管最好把技艺和基本能力都学好练好。我说得不留情面是因为，各位，我不太高兴。在我们的行政管理培训项目中，我见过很多你们这样的经理人，基本能力都过于薄弱。薄弱主要有两方面的原因。其一在于你们都太过专业。在美国，大部分人都是从专业起家，直到无人能出其右，但是在成型期间没有机会真正接触到企业或商业管理的其他任何领域。这或许是个优势，但是这个优势总要付出代价。每当我看到我们高管团队中那些顶尖的营销人员，我总是会非常吃惊地发现他们有很多东西不懂，比如说定量、财务或分析。他们不懂怎么管理人这一点还不太令人吃惊，因为这正是他们参加我们这个项目的原因，来寻求我们的帮助。我希望我们能帮助他们克服这些不足，增加他们对企业或组织其他各方面的了解。

没错，一个人需要最新技术，但是一个人还需要基本能力。这不仅仅是对各位如此，对我和学术界的其他人来说也如此，因为我们也忘记了这些基本能力，这是很容易发生的。我们每个人都努力成为一名专家，在事业上做出一番成就，就是在最新一期的学术期刊上发表研究成果。但是我们没有去重视基本能力，我们把这些想当然，这绝对是一个错误。我们必须提醒自己，我也要提醒你，在神经外科，不论一位医生将来具备多么先进的技术，他也都是从人体解剖开始学习的。大约从1680年至今，人体解剖学就没有什么新技术可言，几乎完全没有。人类的骨骼结构没有变化，没有增加或者减少一根骨头。没错，17世纪伟大解剖学家解不开的谜团，如腺体和其他器官功能以及其他知识，现在我们确实比他们懂得更多，但是回归根本，挂在17世纪80年代医生诊室的那类骨骼结构图与现代医学院学生在解剖课上看到的骨骼图没有两样，这些知识就是基础。如果一位神经外科医生不懂人体解剖学，他将会造成难以估量的伤害。

基本能力在变革时代尤为重要。一部分原因在于，在这样的时代，人们容易忘记这些基础的东西；另外一部分原因在于，如果没有这样一个坚实的基础，人们就容易犯重新发明车轮这样的错误。但是，在任何学科、任何实战工作中，你都一定会遇到一些颠覆性的真正的改变，这种改变不仅仅是改进，也不仅仅是你所熟悉的概念主题的一些微小变动。

以我们的专业领域管理来看，我们在这场时代变革中或许比其他领域更为先进。这种时代变革并不是第一次，在过去的100年，我们至少经历过两次，而在每一次变革中，人们都必须重新学习和重新定位自己。如果回溯到100多年前，我们今天所谓的"现代企业"从那时已开始崭露头角，而当时人们却对此感到完全的困惑（就如现代大学和现代公务员给他们带来的困惑一样）。他们一头雾水，那已经超出了当时人们的认知和理解。

在很大程度上，当代人严重误解了扮演人类新角色的人，这种人第一次将直到那时还完全不同的角色融合在一起，一种是商人，另外一种是资本家，再一种是发明家或企业家。这些角色原来是独立且专业的，但是突然，你发现涌现出这样一些新人类——不管他是 J.P. 摩根、安德鲁·卡内基、约翰·洛克菲勒，还是胜家缝纫机、合富公司、通用电气或电话公司的创办人。他们都是不同寻常的人，来自不同领域，但似乎多少都把过去看似完全各异的东西结合到了一起，或者至少改变了人们对它们既定的看法。大家得承认，那些带来一番新气象的人，都会被怀疑拥有巫术或者是实施了黑魔法。但是当你回头去看时，他们当时其实是在摸索一条新路，以建立我们今天所谓的永续经营的组织。

后来，也就是第二次世界大战之后，我们又有了另外一次时代变革。当时已经有相当多的人在组织中工作了，只不过是很少有人意识到这个现象。突然之间，我们发现了它。然后进入到 20 世纪五六十年代，这个年代被两部作品来描绘，这就是威廉·怀特 1956 年发表的社会评论《组织人》（*The Organization Man*）和 1955 年斯隆·威尔逊出版的小说《穿灰色法兰绒套装的男人》（*The Man in the Gray Flannel Suit*）。在大的组织里工作和生活的人似乎很难也不愿意改变，我认为，这就是刺激商学院如雨后春笋般出现的原因，也是未来 20 年商学院必须做出重大改变的一个原因。我们拥有训练有素但是视野非常狭窄的一群人，他们在一起工作像极了一支强大的军队，但是每个人的贡献却是非常之少。当你今天回顾文学作品时，它充满了夸张和讽刺，但是它抓住了一些存在的事实，或者说至少是一种存在的倾向。那是因为人们的看法和愿景发生了很大的改变，这种改变最初发生在美国，然后蔓延至全世界，其中最甚者莫过于日本。

我们也许正在迈入另外一个时代变革的路上：信息已经成为组织的组织原则。那么这些对于个人来说意味着什么？让我再次重申一下，这意味着你最好懂得基础。汲取先进技术却没有基本能力是很危险的，危险在于，弄巧成拙会害了自己。你不懂基本假设，你不懂限制条件。所以说，如果你是一个艺术爱好者，却并不能创作音乐，那么你可能很快就生产出很多的噪声，但是生产噪声和音乐创作根本就是两回事。

# 6

第六部分

## 管理与自我管理

1990 年，德鲁克出版了《非营利组织的管理》一书。众所周知，德鲁克为西尔斯百货、通用电气、花旗银行和其他很多大型企业的高管提供咨询，他同时也曾帮助辅导过很多社会机构，如女童子军（Girl Scouts）、救世军（Salvation Army）和国际救助贫困组织（CARE）。他提供了广泛的咨询，但是最为重要的是，他督促这些组织（以及其他许多组织）着手处理五个基本问题。这些问题是每个企业，不管是营利企业还是非营利企业都必须找到答案：我们的使命是什么？我们的客户是谁？客户的价值何在？我们的成果是什么？我们的计划是什么？

　　自 20 世纪 40 年代开始，德鲁克就和很多非营利组织紧密合作。随着时间推移，他把这些社会机构视为"给人目的，给人方向"的组织。德鲁克原来希望个人能在日常的工作中通过德鲁克所谓的"工厂社区"找到这些特质。但是，当越来越多的工厂倒闭，就业保障变得遥不可及时，德鲁克也承认"工厂社区从未扎根"。这反过来却让这些非营利组织更显重要，不只是对于受助者而言，对于志愿者来说也是一样。德鲁克在 1993 年出版的《后资本主义社会》中写道："对于我们今天所面临的社会而言，透过社会机构所展现出来的公民权并不是什么灵丹妙药，但或许它是解决这些问题的先决条件。它可以恢复公民应有的社会责任，以及社会应有的公民意识。"

# 新优先事务

来自 1991 年在华盛顿经济俱乐部的演讲

我是一位老派的历史学家，对历史学家而言，有件事情非常神秘，令人困扰，那就是每隔 200～300 年，整个世界都会骤变。就好像旋转一个万花筒，所有的玻璃片都是一样的，但是呈现出来的情形和含义却截然不同。而经历过那段时期幸存下来的人通常想象不出世界骤变之前的模样。1500 年左右的情形就大抵如此。我们最耳熟能详的是 1492 年哥伦布发现新大陆，这是最具代表性的一段大变革时期。我们有一封写于 1525 年的信，写信人是历经宗教改革的一位历史名人，他在信中写道："我一直尝试给儿子解释我所成长的 15 世纪 80 年代是哪般模样，但是没有成功。"200 年前的情形也是一样。美国独立战争揭开了时代变革的序幕，50 年后，经过拿破仑战争，再也没有人能理解他们父辈出生的那个时代是什么样子了。

我们现在正处于这样一个历史时期，我们已经走过了一半，可能就只有一半。这次变革始于 1973 年，然后一直快速进行。我想让大家看看它的速度到底有多快。1988 年 9 月我完成了我的新书《管理新现实》，这本书出版于 1989 年年初，即两年半以前。当时所有的评论员都说："这个人一定是疯了。"我的出版人请亨利·基辛格来审阅我的书，基辛格回复到："我和彼得相识多年，我不想说他已经变成老糊涂了。"那是 1989 年年初，我和这家出版公司已经合作 40 多年了，而他们第一次要求我删除书中这样的文字，就是我认为在未来 5 年内，德国统一的可能性极高。他说："听着，彼得，到了你这个岁数，没有必要让自己闹出这么大的笑话。"

其实我并没有进行预言，我只是看了看窗外，注意到了。我不做任何预言，1929 年我就已经学到了这个教训。当年我在一家大的英文报社找到了第一份体面的工作，然后，1929 年 10 月，我预测纽约股市交易崩盘不会持续。我没有打算再做预测。所以说，没有预测，我只是刚好注意到，而那不过是两年半以前。很显然，戈尔巴乔夫先生无法成功，你不必预言，这显而易见，你不必预测，只是没有人想象得到。

所以说，我们正处于一个快速变化的时代，一些新世界观的元素已经清晰可见。也许最为重要的一点就是，自法国大革命以来，发达国家的人便对社会救赎深信不疑。我曾经在 1929 年担任过《曼彻斯特卫报》驻莫斯科记者，这段经历让我再也不会成为左翼分子。不过那只是在变动社会中被奉为圭臬的信仰的极端展示，人们相信可以改变社会，改变老亚当，创造一个新亚当，一个完美的亚当。如今这种信念已经成为过去式。这种信仰在美国肯尼迪时代达到巅峰，但现在已经过去了，社会救赎的信念已经成为历史。

我不知道，我们是否将要回到一个信念非常重要的时代，还是将进入一个没有所谓信念的时代。不过我们再也不相信社会救赎了，它永远不可能卷土重来。

还有一件事情也是极其重要的。200 年来，人们一直在问："政府应该做什么？"1972 年，有个聪明的家伙问道："政府能够做什么？"但是没有人能听进去。200 年来，唯一的问题就是，政府应该做什么，而不是政府能够做什么。直到 1944 年杰出的政治哲学家和经济学家弗雷德里希·冯·哈耶克（Friedrich von Hayek）出版了一本书，名为《通往奴役之路》。作者只是提到，如果政府这么做，那就代表暴政。过去没有人怀疑政府可以做什么，唯一的差别在于，我们和那些将政府效率摆在第一位的国家不同，我们这样的国家要限制政府，我们追求的不是政府效率，而是自由。我认为 20 世纪 60 年代末是对这个问题最为关心的时期，但如今，"政府可以做什么"这样的问题又再次成为我们最应该问的问题。

1968 年，我出版了《不连续的时代》，在书中我创造了一个词"私有化"。政府永远不会私有化，但是我们很清楚，"政府应该做什么"这个问题的时代已经结束了。"政府可以做什么"这个问题可不容易回答。1937 年，我作为一家英国报业集团的外派记者，来到美国。见到"罗斯福新政"政策一项一项地落实，着实让来自欧洲的我大开眼界。有些政策或许计划得不那么周全，但是落实奏效了。反观 1950 年以后，美国政府推行的所有计划项目都告失败。

这种情况不只是发生在美国，唯一的例外是日本，但是现在这样的计划政策也开始失灵了。无论是英国、德国还是法国，没有任何一个国家的计划可以推行成功。这些国家的计划结果都一样，在花费不计其数之后，通常会造一座美丽的新古典主义建筑，仅此而已，然后就没有然后了。如果国会或总统宣布一项新计划，在座的或者这个国家中的每个人都不再相信那样做会成功。顺便提一下，人们都变得愤世嫉俗，这是很危险的。我们只是会说："好吧，这样会花多少钱？"但是没有人问："这个计划将要做什么？"因为再也没有人相信这种事情了。那不是愤世嫉俗，那是经验。很简单，你只要问："政府能够做是吗？"200年来，这个问题还没有被问过。问问政府有什么样的能力，而不是政府出于何种好意。

大家可以看到的另外一件事情是，我们正迈入一种史无前例的经济，是欧洲经济共同体触发了这种经济。不过，无论你喜欢与否——这并不是我们所有的人都乐于见到的，我们也已经有了一个北美经济共同体。国会是否通过关税同盟都已经无所谓了，因为经济一体化已经完成了80%。

50年后，我想可以预见的是，历史学家将会说，北美现在正在发生的事情比欧洲发生过的事情更为重要。10年前，如果有人跟你说，墨西哥政府会要求与美国建立关税同盟，肯定会让所有的人笑掉大牙。我不知道大家对墨西哥的了解有多少，但是墨西哥的历史可以总结为一句话：墨西哥的目标就是要让格兰德河变得比大西洋宽一点儿。有一句墨西哥谚语说："如果你跟一头大象共勉，即使大象心怀善意，对你也没有好处。"更何况，这头大象还不总是心怀善意。墨西哥所有政策唯一的目标就是，让墨西哥在经济和文化上独立于那个令人讨厌的、强硬的、好斗的、危险的美国，不过，这些政策一败涂地。所以，最后他们终于接受这样一个事实，如果你无法战胜对方，你就加入对方，这是历史上最大的逆转之一。

自哥伦布误把发现的美洲当成日本至今，500 年过去了，我们现在正在重新发现美洲大陆。这 500 年以来，所有新世界的关系不是和新世界发生的，而是发生在新世界和旧世界之间。我妻子有一些表亲在 1852 年移民到阿根廷，他们每一个人都要回到英国接受教育，直到最近这代人才没有这么做。她的表哥罗伯特就毕业于麻省理工学院。直到现在，我们在美国对于拉美还了解不多，但是拉美现在不往东看，而是往北看了。再有，我们已经开始怀疑那些关于环太平洋的预言。我认为真正的经济一体化将会发生在美洲。

我们也已经从一个资本稀缺的社会转变成一个知识稀缺的社会了。如果你有知识，你就能获得金钱。现在，日本政府付钱让你把日本工厂转移到海外，并不是因为日本的蓝领工人稀缺，而是因为对于社会的投资而言，蓝领提供的回报少得可怜。当一个孩子完成高中学业时，姑且不论他是不是学有所成，你在他身上的投资已经接近 10 万美元，可是如果你家这位年轻人变成蓝领工人的话，这笔投资就收不回来了。你必须确保他在日本成为知识工作者。日本人还没有公开这样表态，因为这种事情很不得人心，不过他们已经开始视蓝领工作为一种负债，而不是一项资产。我们仍然将它视作生产中的一个要素，而日本人已经把它看成生产上的一个拖累了。正如一位日本朋友（我的一个学生，如今是日本副首相）所言："看看未来 40 年世界的人口结构，在拉美、东亚地区都不会出现人口短缺，工厂不会缺少劳动力，这根本不是回事。像你们美国人这么担心这种事情，实在是可笑至极。"

那么，我们这个时代新的优先事务是什么呢？优先事务一，得先说说我们对于非营利部门的错误称呼，非营利部门是一个法律名词、一个税收名词，我称它为更高营利部门。美国大约有900万个非营利组织，每年还新增3万个，这是美国一个独特的现象。到2000年，这些非营利组织占美国GDP的份额将翻番，达到3%左右。非营利组织使用资源的效率是其他组织的3～4倍。无论未来哪一方当选，政府都要紧缩开支。赤字不可能持续下去，如果我们不想有严重的社会问题，我们就必须提高效率，并将资源向非营利部门倾斜。这是我们在未来几年里必须排在首位的事务，否则我们就会有很大的麻烦。

优先事务二，大约一个世纪以前，我们开始致力于提升制造业和运输业人们的生产率。这种提升呈现出了爆炸式的增长，110年增加了50倍，这完全是史无前例的。大多数收益不是体现在物质商品的增加上，而是体现在更少的工作方面。必然的，这不能称为闲暇。1909年，在我出生的那一年，发达国家每人每年平均工作3300个小时，除了非常少数的有钱人。如今，日本人的工作量仍然高于世界上其他国家，但一年也只有2000个小时。美国人一年工作1800个小时，德国人一年工作1650个小时。现在，也许你会说，我们并没有好好利用额外多出来的时间，每天看5个小时的电视确实是一种浪费，不过现实情况就是如此。

现在，工作时间已经不再和产量的多少画上等号，因为发展中国家参与制造和运输的劳动力也不及总数的 1/5。80% 的工作是知识工作和服务工作，然而这些工作的生产率真是惨不忍睹，这还是比较客气地说，实际上根本就是零。在座的各位，有人相信 1991 年的教师比 1900 年的教师生产率更高吗？服务工作就更糟糕了。知识工作的生产率和服务工作的尊严是下一个需要应对的事情，而且别指望政府能够帮上什么忙，这件事情必须靠雇主努力。

优先事务三，这是很困难的一项，就是我们正处于一个转型时期，从一个"规模大就是优势"的时代转变到"规模大小无关紧要"的时代。你们知道，大象不一定比蟑螂强。实际上，在华盛顿的各位都知道，我们对付蟑螂实在没有什么好办法。不，规模大小已经不再具有功能性了，规模大的优势随着信息而消失了。因此我们有了一个真正的问题：在这样一个转型时期，当昨天的大规模不再有用，甚至在很多情况下成为一种严重的劣势时，我们应该怎么做？我们正走向一个结构性的改变，功能优先于规模，而且规模本身不再能产生优势。规模成为一种战略选择，我想对于企业最为重要的事情之一就是要好好思考最为适合的规模是怎样的，应该定位在哪种规模才是符合逻辑的。

总之，我们面对的是一个非常不同的时代，有着完全不同的优先事务需要处理。正如我在前面所说的，我们的社会转型已经走了一半或者是一半多一些。到了 2015 年，整个转型将会完成，可是未来 25 年仍然会有史无前例的变动，而且变化的速度会非常快。我们现在才开始窥见那个新社会结构的模糊的轮廓，政府必须好好思考自己能够有什么作为，但与此同时，这些优先事务也将日益成为国际性的议题。环境问题就是一项必须依靠国际合作才能处理的重要事务。1990 年，人类历史上第一次，所有的国家将它们自身的利益放在一旁，团结一致打击恐怖主义。那是历史上非常重要的一个转折点。因此，有国际性事务、国家事务和地方事务之分。这与政治学家将一国政府视为唯一的权力与行动中心的时代相去甚远。新时代已经很清晰地排在我们面前，我们只是还不知道如何去组织规划。

# 何处是归属

来自 1992 年的乔治·华盛顿系列演讲之一

　　我观察到，那些把自己的事业管理得很好的人——我指的不只是工作、金钱或职务方面，而是成就、满足感和贡献方面，他们都建立了自己的人脉。"人脉"是一个现代名词，10 年以前我们还不这么说，那时候我们说"这些人都和别人保持联系"，今天则说"他们建立了自己的人脉"。

　　在某种程度上，他们已经学会待人体贴周到。而且相信我，没有人天生就是能够体贴周到的。有些人天生就比别人更有礼貌，不过体贴周到没有人天生就会。为人体贴周到要做的是几件基本的事情。

　　首先，要有一份备忘录，详细记载下共事伙伴的足够信息，让你得以表现出体贴一面。你可以拨打电话，然后说："玛丽，今天是你的结婚纪念日，20 年啊，真是太棒了！恭喜恭喜。"而且你知道，我们这些结婚很久的人都知道，做丈夫的最好别把结婚纪念日忘了。不过，35 年之后没有哪个丈夫还能记得这个日子，所以我们把它标注在日历上。我们都有一本备忘录，我们把同事的孩子名字、他们的生日和结婚纪念日记在备忘录上，足以显示出对他们的尊重。

与旧时共事的伙伴也不要失去联系，但不仅仅是寄送一张圣诞贺卡。别寄那种千篇一律的圣诞卡，开头总是："对乔纳斯一家来说，这是非常重要的一年，我们的孙子长了第一颗牙……"千万不要寄这样的卡片。等你到了塔科马市，拿起电话打给那个被调任到这里的同事，说："乔，我现在在塔科马市。我不知道有没有时间和你聚一聚，我只想打个电话问声好！"保持这样的联系，维系良好的人脉关系。

最起码，你或许会需要它。过去 3 年间，大批的人被迫另谋出路。也许你已经在同一家大公司工作了 26 年，你从来不需要写简历；也许你刚升过一次职，可是在 49 岁时突然间没了工作，那是一种心理创伤与痛苦。

我们一直在研究，为什么有人能够相对容易地找到一份工作，但是有些人却不行，究竟是什么造成了这两者的差异。究竟是哪一种经验和专业，产生了这样的天壤之别？如果两个人年纪相同、专长相同、背景相同，那么成功者就是那些知道自己属于哪里的人。他们知道自己的优势、自己的表现，而且知道如何定位自己。另外一个差异是成功者拥有人脉，他们从来不会与人失去联系。

这些人并非你的亲密朋友，但他们是认识你而且你也认识他们。我们常常发现，他们任何一个人接到来信或来电时，会马上回复说："格利高里，有一份工作，我想你也许会感兴趣。你介意我向我的朋友乔提及一下吗？"然后两周以后，你就有了一个和乔面试的机会。

我们一再发现，这与两件事情的平衡有关。你如何展现自己（并不是自我吹嘘而是了解自己），以及如何善用人际关系，而这即是人脉的真谛。人脉并不是要讨人喜欢，而是指为人体贴周到，不是把别人当成工具利用，而是当成朋友。

另外一个秘诀：确保你在 40 岁之前拥有一份工作之外的真正业余活动。不仅仅是一个爱好，而是另外一项活动，它可以创造出另外一个完全不同的人脉网络。在我教课的一个大型高级管理人员研究班上，大约有 60 人。其中有很多人来自航空业，这个行业在近三年极其震荡，至少有一半人换过工作。因此我问："你们是怎么找到新工作的？"这些人的回答一定会让你吃惊，他们说："玛丽安和我在同一个教会做志愿者，当那家大型航空公司把我辞退时，通过教会里的其他志愿者，我很快就被引荐找到了新工作。"这是另外一种人脉，而且还是非常有影响力的那种。

但是这种作用还在其次，最为重要的是这项活动能带给你活力和更为充实的生活。相信我，几乎没有工作在 20 年之后还具有挑战性。更惨的是，那些 28 岁开始教授法文、才华横溢的大学教授，热爱工作，满腔热忱，每天教课对他们来说都是纯粹的快乐。但是 50 年后，他们甚至对自己的笑话都感到厌烦了，这就是人们所说的工作倦怠期。不，他们不是厌倦工作，他们只是感到无聊了，他们需要其他挑战。

挑战有两种类型。一个更为重要也更为简单的事，我把它称为平行事业。在美国，一半的成年人做志愿者的工作，在非营利组织和机构中至少工作 3 小时。对于大多数人来说，志愿者的工作不再是填写信封，这些工作包括经营教堂，经营女童子军协会训练项目，设计训练计划。这些都是不付酬劳的管理工作、领导工作。在很多时候，这些志愿者工作比他们在银行、保险公司或者货运公司的本职工作所要承担的责任更大。而这项活动让他们充满了活力。这是一项新的挑战，一种新的环境，一群不同的人，而且迫使你保持创新来适应这些变化。

当我看着那些 43 岁的大学教授时，我意识到他们中的一些人应该做一些别的什么事情了。他们不可能再写出那些他们 15 年前谈论的伟大学术著作，他们能够发表的不过是杂志上的两篇小短文，仅此而已。如果他们以前曾经是的话，现在也已经不再是优秀的授课教师了，他们已经失去了灵活性、弹性。他们被困住了，不是困在了日复一日不变的工作内容中，工作内容不应该是一成不变的，这些人困在了自己的提前老年化中。再看看另外一群不同的教授，我有一个 46 岁的同事，他并不是一个特别杰出的学者，但是他在课堂上仍然充满了热情。他在课余时间担任童子军领队，每周都是一个新挑战，尤其是队员都是些九岁大的男孩子。每个周末他都筋疲力尽，但是满脑子都是新点子。

请牢记这一点。各位需要这么一项业余活动，因为工作很容易变成你的全部，主要原因正是晚上你会把工作带回家。不过，还有另外一个原因，就是我们大多数人在 40 岁出头的时候，会达到进步和升职的天花板。

你需要一些非例行公事性的活动，而且你必须及早将它们融入生活。那是一种对你特别具有意义，一种让你产生信念的东西，那是一个你可以贡献，你可以发挥领导力的地方，那是一个你可以说"我在贡献一己之力"的地方。

与此同时，你应该学习自省和评估："什么时候我应该寻找属于我自己的另一片天地？什么时候我需要的不是一个平行事业而是第二份事业？"

不用追溯到很久以前，就拿 100 年前来说。43 岁对于一个北达科他州的农民来说已经算是一个老头了，而他的妻子，如果还在世的话，也已经是一个老太婆了。他已经没有什么工作能力了。如果他没有受伤的话（当时大多数农民受过伤），农事劳作对他来说已经异常艰辛了。加上萧瑟的冬季，北风怒号，农作物损失惨重。现在，这位北达科他州大草原上的农民已经不会期待从工作中获得什么成就感了。他所有的希望只是能把孩子们喂饱，捱过冬天，但是一切恐怕凶多吉少。那是生存而不是生活。同样，一个钢铁工人也不会从工作中期待什么成就感，他指望的是一份薪水，可以让他养家糊口。

但是，知识工作者期待的是成就感。我们不再会因为工作而受伤。坐在书桌后面，最严重的职业病可能就是痔疮了，而痔疮对你不会产生多大的影响。所以，我们现在的工作寿命很长，必须学会不仅为平行事业负责，而且还要为第二职业负责。我如何开始新的事业？在什么年纪？

当工作变成只是一个栖身之所，当它变成"谢天谢地，已经是周五了"，或是当你得跟自己挑战，好让工作变得更为复杂时，那么说明你已经开始对此感觉到厌倦和无聊了。无聊是一种致命的疾病，你需要被挑战。最大的威胁在于你的身体活得很久，但是你的精神却已过早死亡了。看到这么多能力和智力的浪费，真是糟透。所以不要这么说："我被无聊所困。"你要说："我是属于哪里的？我能有什么样的贡献？"

# 社会部门的时代

来自 1994 年东京座谈会上的发言

　　今天很荣幸能来到这里谈一谈非营利组织：我们为什么需要它们，它们必须做什么，以及这些组织应具备的条件和面临的问题。

　　今天的制造业正在走向与昨天的农业相同的命运。新的工作已经出现，而且非常多，大部分是好工作，但是，是不同的工作。这些工作都要求接受过很多的正式教育，都要求具备很多技能。因此，这种工作并不是一个从工厂出来的工人就能够轻易胜任的，而 30 年前，农民却可以比较容易地离开贫瘠的农地进入薪水优渥、工作有保障的工厂工作。

　　这是社会的转型，在这个方面，政府可以做的并不多。实际上，我们现在所面临的问题并不是政府擅长处理的问题。政府非常善于处理有关整个国家的事务，但是我们现在要处理的事情大多是地方性的，而且中央行政机构并没有把这些事务处理好。这些事情要由地方上来做才能做得好，它们大多是非常特定的工作，需要组织或者机构非常集中地关注。

让我来举几个例子，这些例子适用于日本，同样也适用于其他发达国家。我们需要重新培训员工，而且这是迫切需要，如果不跟要雇用未来工人的本地雇主紧密合作，这件事情就没有办法完成。对于培训员工，我们知道的已经不少。这些人目光短浅、经验不足，而且时间有限，所以他们必须为下一份工作接受培训。这不是可以利用教育项目课程可以做到的事情。即使是受过教育的人也有大量的教育需求。科技变动之快不仅是发生在高科技产业，在医学界变化得甚至更快。我有一个侄儿，他是一个优秀的放射科医生，他大概算得上美国最为知名的放射科教授了。他对我说："彼得叔叔，你知道，如果我不每隔 3 年再重新回到学校进修 6 个星期，我就被淘汰了。"

教师也需要进修，尤其是大学教授，坦白说，今天全世界的教学水平都非常低。每一份职业、每一个会计师和经理都需要进修。我们需要为已经接受过高等教育的成人提供继续教育。这件事情同样也是地方性需求，必须由当地各大学负责推进。

我们还需要非营利组织来满足当地需要。以戒酒中心为例，我们现在已经知道这样的组织如何运作了，但是在 30 年前，我们还不知道。今天我们不仅知道如何运作，而且成功率还相当高，成功戒酒的达到 50% 甚至 60%。不过这些组织都是地方性的，是由当地人主要是曾经酗酒的人组成的团体完成的，这些不适全国性行动。所有关于戒酒和戒毒的政府计划项目都失败了。地方上的志愿计划全部都是由志愿者来负责实施，很多志愿者有过酗酒的经历，因此这些项目能够大获成功。

同样地，我们也需要当地的志愿者来协助完成一件迫切需要解决的事情：要有系统地组织年轻人多接触外国文化。我的四个孩子中的三个，在他们年轻的时候，曾在海外工作过，一个在日本待了 3 年，一个在法国，还有一个在南美。这样的经历对他们来说有着深远的影响，改变了他们看待世界的基本观点。我的两个孙子也曾在日本居住过。作为年轻人，他们一个在日本高中学习过一年，另外一个大学毕业以后，作为软件设计师在日本待过 6 个月，这对他们产生了巨大的改变。我们可以这么做是因为我们有遍布全球的朋友，但这并不是正确的做法。这件事情需要规划，且由专业人士来负责，而不是随遇而安。这就需要另外一个非营利组织机构，如此才能够一直不断进行下去。尽管政府可以鼓励这件事情，但是政府没有办法来做。这件事情需要当地来做，而且绝大部分工作应该依靠志愿者来完成。

还有另外一个需要。在我小时候，人们大多居住在非常狭窄的社区，这些人永远也不会从村子里面走出来，就像我的祖先数百年前居住在英格兰的一个小山谷里。你出生在那里，你永远也无法离开。但是现在这种情况已经不复存在了，这个时代的年轻人大多居住在大城市里，物质上比祖辈更为丰富，过着更好的生活，接受教育，但是他们没有社群。

我们需要公民权，在现代民主社会我们所做的只能是投票和交税，然而作为公民，这样做是不够的。当一位公民，必须能够去做一些你能看见结果的事情。所以，始于美国，志愿者工作在西方开始大幅增长，而且西欧如今也在迅速兴起这项运动。这揭露出现代人的一项需求：人们希望自己可以选择所做的事情。一个人选择在国际化教育中工作，另外一个人选择帮助犯罪分子或酗酒者戒酒治疗，第三个人选择教育残障儿童，这些都是个人的选择，对人们是有意义的。

我最小的女儿是一个非常成功的银行家，已婚且有两个孩子，她同时还担任所在学区的财务主管（当然是没有薪水的），这个学区大约有15 000名学生。尽管她每周花费两个晚上在这件事情上，她仍然认为自己做出了真正的贡献。她在银行工作的薪水优渥，而且对她来说也非常有趣，但是她不认为自己在银行的工作有什么价值，能彰显她自己的价值观。

我于1959年首次到访日本，看到整个国家全身心投入重建工作。日本遭遇了重创，不仅仅是在物质方面，更主要的是心理创伤严重，国家尊严受到严重伤害。那股巨大的重建需求，那样一种全身心投入的决心是非常惊人的。

我回到美国后告诉所有人，日本将会是下一个经济强国。20世纪50年代，所有人都认为我疯了。统计数据无法证实，但是精神摆在那里，"我可以改变世界"的决心在那里。现在日本重建的目标达成了。人们喜欢他们的工作，而且薪水待遇优厚，他们喜欢他们的公司，不过那份"我可以改变世界"的决心没有了。没有了这份决心和努力，国家很快就开始四分五裂，国家失去了决心，失去了灵魂。我们需要一种社会组织，让个人可以有所作为，可以全心投入，我们需要非营利部门。

我要说的这件事，生活在日本的各位应该不会感到太意外，不过你们多数人恐怕没有意识到，在全世界所有的大国之中，日本大概是拥有社群组织、社群服务和社群责任感历史最为悠久的国家。60年以前，当时我作为一位年轻的经济学家在伦敦的一家银行工作，一个意外的机会，我开始对日本的艺术和历史感兴趣。让我非常惊奇的一件事情，是江户时代（1603～1868年）强大的社群文化，这一点可以从村落或藩负责照顾地方需求这件事情反映出来。

很久以前，日本就是开始义务教育了，全国百姓几乎全部识字，是世界上第一个教育普及平民的国家。这个成果的取得归功于数百年来由各个藩的文人知识分子开办的学校，这些是志愿服务性的非营利机构。这些学校几乎没有受到多少大名（日本封建时代的大领主）的支持，主要是受到了社群的支持，其中一些志愿者来自武士阶层，更多的是愿意努力工作的任何庶民。我不知道大家是否知道，建立明治政府（1868～1912年，日本兴起成为世界霸权国家）的每个人都来自这些学校——志愿性、非营利地方组织。

所以日本具有历史悠久的传统。在美国，我们围绕着教会建立了社群服务的历史悠久，日本同样有着社群组织、社群合作和非营利机构悠久的历史。现在是时候重新发掘这项传统，再次将之付诸行动了，因为这件事情政府是没有办法做的。在未来的二三十年内，除非变成独裁政府，否则的话，政府不会更强。它们会变得越来越虚弱。它们着手的事情太多了，而且预算严重超支。日本是唯一不会破产的国家，其他发达国家的政府都已经破产，而且也无法提高税收收入。如果它们这样做的话，只会造成通货膨胀或者经济衰退。它们必须紧缩开支，它们不能再增加新的任务。再说，这些事情并不是政府善于处理的，这些事情必须由地方社群来完成。

我们说的这些部门既不是政府也不是企业。在美国和西方国家，我们大约从六七十年前就在谈论两种部门：私人部门，就是企业；公共部门，就是政府。接下来三四十年我们要建立的是第三个部门——社会部门。政府将会参与其中，政府将会扮演一定的角色，企业也将更大程度地参与其中。比起其他国家，日本或许更是如此，原因很简单，因为日本的企业组织程度实在是太高了。日本有经联会（keiretsu，通过历史协会和交叉持股形成的公司网络），有银行，还有组织化的产业集团，企业可以通过这些组织有所行动。所以我认为，日本社会部门将大力依靠企业，不只是在资金方面，而且是在企业的领导力和参与度方面。

迹象已经非常明显。我观察日本发现，世界上没有任何一个组织可以媲美日本经济团体联合会（Keidanren，经济组织联盟），不只是在实力方面，最重要的是在责任方面。的确，经济团体联合会代表了一个利益群体，而且成员大多是大企业，但是它代表的是社会中的大企业。这一点与其他国家非常不同。所以，日本已经拥有了非常强大的非营利社会部门，只不过是各位没有意识到罢了。

我想我可以非常有信心地预测，社会部门将会是现代发达社会增长最为迅速的部门。到时候社会上会有各式各样的社会部门，因为需求是多样的，也因为今天的社会是多样的。现在有维持社区的需求，有保持环境不被污染的需求，为学习障碍儿童做点什么的需求。然后你有戒酒需求。现在有许多长寿老年人需要帮助，也许他们换过人工膝盖，需要有人帮助他们重新学习走路，或者遭遇过中风，需要有人帮助他们重新开口说话。这些都是志愿者服务的需求。当然这些志愿者都需要一位专业人士带领和监督，但是这项工作主要还得靠这些人来完成，这些人就是"我们的邻居，是我们社区的人"。

我们有各种各样的社会需求。同时我们也知道，一个非营利组织必须专业化，专注于处理一件事情，满足一种需求。昨天，我和一群东道主朋友共进午餐，并兴致勃勃地聊天。席间有位先生来自一家摩托艇运动俱乐部，坐在他旁边的那个人来自某个环保组织。那位摩托艇迷对环境问题一点也不在乎，而那位环保人士对摩托艇也丝毫不感冒。这是有效的手段，他们都秉持着唯一的目标，致力于唯一的事情，即他们拥有信念并全身心投入的那件事情。这就是一个非营利组织应该具备的精神。

在场认识我的人，大部分认为我只是关心企业管理，就和美国大多数人一样，但这是一种误解。我大概在50年前就领悟到了一件事情：管理就是管理。之所以如此，很大一部分原因是我把一个大学管理得非常糟糕。我是你们能够想象得到的最差劲的管理者。于是我明白了，一个人必须知道自己在做什么，有好的意愿是不够的，有聪明才智也是不够的，一个人必须知道如何管理。所以这四五十年以来，我有一半的时间是与美国的非营利组织合作，包括交响乐团（顺带一提，它是我所了解的组织中最有趣的）、医院、大学和教会。如果我能称得上是有所贡献，那是我帮助人们管理得好一些。起初，非营利组织的人感到非常惊讶，他们说："我们经营的是非营利机构，我们需要管理做什么，那是给商界用的，我们又没有盈利要求。"我的回答是："正因为你们没有盈利要求，所以更需要管理。"

各位对于自己的表现是如何评价的？下周二我回家，然后马上要到华盛顿去参加一个会议，在这个会议上，我要介绍我们在一个小团体中做了什么事情。我们把这个小团体称为"德鲁克基金会的非营利组织自我评估工具"（这些内容收录于《关于你的组织你将会问出的五个最重要的问题》一书中）。现在我也要问问各位："我们在这个组织中追求的结果是什么？"对于医院或社区组织来说这是一个非常难以回答的问题。然而，这个问题非常关键。好的动机是不够的，好的意图仅仅是在浪费时间。最为珍贵的东西，除了钱之外，还有志愿者的善意和辛苦工作，因此我们必须学会如何管理。

志愿管理工作有几项限制原则：第一，尽量不要试图做太多的事情，而是只专注在一件事情上；第二，把事情做好，管理是为了结果，不是为了好心善意；第三，你有两队人马，一方是从你们所做的事情中受益的人，另外一方是为你工作的人，尤其是志愿者。如果你管理得好，志愿者的收获会超过那些受到帮助的人。这有一部分原因是他们学到了东西，另外一部分原因是志愿者工作确实对他们来说意义重大，他们看到了自己追求的成果。

我的女儿，在工作上非常尽力，有家庭，有两个孩子，因此我问她："你怎么有办法一周花两个晚上的时间来处理学校委员会的事情呢？"她说："你知道我有一份很棒的工作，可是在银行，我看不到成果，看不到我自己的贡献。但是在学校委员会，我下个星期就能见到。"各位也一定能从别人那里一遍又一遍地听到这些话。

# 知识工作者与知识社会

来自 1994 年在哈佛大学的埃德温·L.戈德金讲座上的讲演

　　知识社会是一个员工的社会。传统社会——或者在制造业和蓝领制造工人兴起之前的社会，不是一个独立工作者的社会。托马斯·杰斐逊（Thomas Jefferson）提倡的独立社会，每个农夫都是自己家庭农场的主人，除了他的妻子和孩子，不雇用其他人来帮忙，杰斐逊的独立社会从来就是一个幻想。历史上大多数人是要依靠别人的，但他们不是为组织工作。作为奴隶、佃农或农场雇用的帮手，在店铺里当学徒或帮手，在工匠店做熟练工人或学徒，或者在家里当自由或不自由的仆人，等等，他们为主人或雇主工作。蓝领制造业工作兴起之初，工人仍然是为主人工作的。

　　狄更斯 1854 年出版的伟大的小说《艰难时世》，讲述的是棉纺厂劳动冲突，工人们都是为主人工作，不是为工厂工作。19 世纪后期，工厂取代主人成为雇主。20 世纪，公司取代工厂成为雇主。其间，主人才被老板取代，这个老板自己，99%的可能性也是一个员工，他也有一位老板。

知识工作者将既包括那些有老板的员工，也包括那些有员工的老板。

所谓的组织，并不为过去的社会科学所知，现代的社会科学对它也不甚了解。德国社会学家费迪南德·滕尼斯（Ferdinand Toennies）在他1888年出版的《社区与社会》一书中，将已知的人类组织形态分为两类：一类是社区，社区是有机的；另外一类是社会或者说是命运，是一个体系，在很大程度上受到社会控制。他没有提到组织，19世纪到20世纪初的其他社会学家也没有任何人提出。

但组织既不是社区也不是社会，尽管它具有社区和社会的部分特质。它不是命中注定，是否成为它的成员是可以自由选择的。一个人是加入公司、政府单位或到大学教书，并不是生来就属于这些组织，而且随时都可以选择离开。组织也不是社会，特别是，它并不拥有这个成员的全部。一个公司市场研究部门的主任同时也是半打其他不同组织的成员。她也许属于一个教会、一个网球俱乐部，也可能是一个每周在当地非营利俱乐部志愿工作5个小时的义工（这种情况在美国非常普遍），比如女童子军的领队。换言之，组织并非真正的共同体，而是工具，是为了达到目的的方法。

组织一直是存在的。17世纪之后兴起的职业军队是一种组织，这种军队既不是一个社会也不是一个社区。自1809年柏林大学创办后，开始涌现出来的现代大学也是一种组织。教职员工可以自由加入，也可以随时离开。同样地，18世纪首先出现在法国，然后是欧洲，再然后是19世纪末在英国与日本明治时期（但是美国直到1933年或第二次世界大战之后）兴起的政府部门也是一种组织。不过这些早期的组织仍然被视为少数异类。第一个现代意义上的组织，第一个不再是少数例外而是可以称为组织原型的，应该是在 1870 年之后涌现出来的现代企业，这也是人们至今认为管理就是企业管理的原因。

随着知识社会的出现，社会已经变成了一个组织机构的社会。现代人大多数是在组织内工作或者为一个组织工作，我们在各种程度上依赖于组织，我们为组织提供个人的工作价值，同时也为了个人谋生。我们和组织的关系，或者是组织的员工或者是为一个组织提供服务，例如律师或者运输代理。越来越多的为组织提供服务的个人，自己也组成了组织。大约一个多世纪以前，第一家律师事务所在美国成立，在此之前律师都是个人执业。而在欧洲，一直到第二次世界大战之后，才有了律师事务所，如今，律师行业渐渐以愈来愈紧密的合伙关系在经营。这种情形，在医学界也是一样，特别是在美国。知识社会就是一个组织机构社会，在这样的社会中，每一件工作实际上都是在组织内或是通过组织完成的。

大多数知识工作者即使不是一辈子，也会是大半辈子都在做员工。"员工"这个词的意义已经不同于传统的意义，而且不仅是在英国，在德国、西班牙，日本也是如此。

就个人而言，知识工作者都必须依靠工作，他们领到的是一份工资或者薪水。他们受雇于人，也可以被解雇，法律上，他们是员工。但是，总体而言，他们是唯一的资本家。逐渐地，通过他们的养老金和其他储蓄存款（例如，在美国是通过共同基金），这些员工拥有了生产工具。在传统经济学中——而且绝不仅仅是马克思的经济学，所有用来消费的工资基金和资本基金是有着绝对区别的。大多数关于工业社会的社会学理论几乎都是以与这两者之间的关系为基础的，这两者的关系或是冲突，或是必要的互惠和平衡。在知识社会，这两者合二为一了。退休基金实际上就是推迟发放的工资，因此是工资基金。在知识社会，越来越多的工资基金成为资本的主要来源，即使不是唯一来源的话。

同样重要，可能更为重要的是，在知识社会，员工是知识工作者，同时也拥有生产工具。马克思重要的观点就是，在工厂劳动的工人不能拥有工具，因此不得不被异化。马克思指出，工人不可能拥有蒸汽机，在换工作的时候，也不可能将蒸汽机带走。资本家必须拥有蒸汽机而且控制它。在知识社会中，真正的投资不再是机器和工具，而是知识工作者，如果没有了他们，不论机器多么先进和精密，都产生不了生产力的。

市场研究人员需要一台电脑，但是越来越多的是，这个研究人员拥有自己的电脑——一个便宜的工具，这位市场研究人员不论走到哪里都会可以带着这台电脑。市场研究真正的资本设备是有关市场和统计数据的知识，能把市场研究应用于企业战略的知识，这些知识都是存放在研究人员的脑子里，是他们独有的不能被分割的财产。外科医生需要医院的手术病房和所有昂贵的资本设备。但是这个外科医生的真正的资本投资是12年或15年的训练以及由此学到的知识，这位外科医生可以带着积累的经验和知识到另外一个医院工作。没有这些知识，这个医院昂贵的手术病房只能是浪费和垃圾。

这是不争的事实，无论知识工作是像外科医生那样需要应用尖端知识的工作，还是比较简单和初级的就像初级会计师那样的工作。在这种情形下，决定员工是否具有生产力的因素不是工具、机器或者组织提供的资本，而是知识投资。

产业工人需要资本家的程度，比资本家需要产业工人的程度大无限倍。这一点是马克思基本主张的基础，马克思的基本主张是产业工人的供给永远过剩，这个产业储备部队使得工资不可能高出基本生存水平。在知识社会，最有可能的一个假设——当然所有的组织都是基于这样一个假设行为，就是组织需要知识工作者远超过知识工作者对组织的需要。将知识工作放到市场上是组织的工作，借以获得大量优质的知识工作者。两者之间日益呈现出一种相互依存的关系，因为知识工作者必须学习了解组织的需要，但同时组织也必须了解知识工作者的需求、要求和期望。

因为工作是建立在知识的基础上的，所以知识型组织绝对不是一个上级和下属的组织，最典型的例子就是交响乐团。第一小提琴手也许在乐团中是最为重要的，可是第一小提琴手并不是竖琴手的上级主管，他们只是同事。竖琴声部就是竖琴手演奏的部分，并不能由乐队指挥或者第一小提琴手来代表。

在中世纪，关于知识等级的争论没完没了，其中又以哲学自称为知识皇后为最甚。但是人们在很久以前就放弃这种无谓的争论了。知识没有高级和低级之分。当病人遭受指甲内嵌的痛苦时，足科医生的知识便足以控制病情，并不需要脑外科医生的知识——尽管脑外科医生接受了多年的训练，而且收费更为昂贵。如果一位主管被派驻海外，他迫切需要的知识，很可能就是流利的外语，而这项技能是该国2岁孩童不需要太大投资就能掌握的难度不高的技能。知识型社会的知识，正因为是付诸行动和应用的知识，所以知识的等级与地位视适用的情况而不是知识的内容而定。这一点也是全新的。过去的知识一直被视为固定的恒星，可以说，每项知识在知识的宇宙中都占有各自所属的位置。在知识型社会中，知识是工具，重要性视在完成该项任务上的作用而定。

一个结论：因为知识社会必须是一个组织型社会，所以它的一个主要而独特的器官，就是管理。当人们最初开始谈论管理的时候，这个术语仅仅指的是企业管理。不过在过去的半个世纪，我们已经明白管理其实是所有组织机构主要而特殊的器官，所有的组织都有管理的必要，无论人们是否用"管理"这个术语。无论组织从事什么样的业务，所有的经理人都做着相同的事情，他们必须将具备不同知识的人集合起来，共同完成一个任务。经理人必须让人们将优势展现在工作绩效上，将缺点变得无关紧要。他们必须尽心思考组织追求的结果，而且必须定出目标。他们都有责任去思考我所谓的"企业经营理论"，即组织采取行动所基于的假设，同样也是组织决定不做什么的假设前提。

他们需要一个器官一个工具去思考战略，亦即可以把企业目标转变为表现的方法。他们必须要定义组织的价值：奖赏和惩罚系统，精神和文化。在所有组织当中，经理人既需要管理知识作为工作和纪律，也需要理解组织本身——其目的、价值、环境和市场以及核心竞争力——的知识。

管理是一门非常古老的实践。历史上最成功的管理非埃及人莫属，远在 4000 年以前或者更早，有史以来第一座金字塔就被设计建造了。有别于人类其他作品，第一座金字塔至今依然屹立。最早是在第一次世界大战，人们对管理有了一些概念。直到第二次世界大战之后，管理的观念才真正兴起，那时主要是在美国。自那之后，管理一直是发展最为快速的新工具，其研究也成为最快速发展的学科。历史上没有一个工具像管理这样迅速兴起，也没有任何一种工具在这么短的时间内横扫全球。

在大多数商学院中，管理课程教授的仍然是一堆技术——预算或者组织发展。毫无疑问，管理和其他任何工作一样，需要专业的工具和专业的技术。不过，正如医学的本质并不是尿液检验分析的道理一样，管理的本质也不是技术或者流程。管理的本质是让知识产生效益。换句话来说，管理是一项社会功能。在实践中，管理则是一门真正的人文科学。

# 政府再造：下一个阶段

来自 1994 年在美国国家绩效评估委员会（National Performance Review）

对联邦政府工作人员的演讲

非常高兴也非常荣幸，可以跟这么杰出的一群人谈这么重要的一个议题。我演讲的题目是"政府再造：下一个阶段"，其主题是，如何在你们已经取得的成就的基础上继续发展。这份成就是杰出的、重要的，同时也是脆弱的。这份成就是第一步。

现在该做的是，巩固目前既有的成就，同时突破，从新的维度再创造一番新的成就。在开讲之前，我有一个声明：今天在座的各位是政府部门的人，对于"政府再造"重视的是政府一词，而我却会把重点放在"再造"上。关于这件事情，我略懂一二，半个世纪以来，我所合作的组织各种各样，包括美国和外国（英国、加拿大和日本）的政府机构以及州政府，还有多年前我们与部队、企业、工会、教会和医院，就自我的重新定位这个问题合作过。我比较偏爱"自我重新定位"这个说法，而不是各位所称的"自我再造"。

不过，对于政府，尤其是整个联邦政府，我是个局外人，今天带着非常忐忑和诚惶诚恐的心情来演讲。对于联邦政府，我没有足够的第一手的信息和资料。有段时间我确实和联邦政府有很好的交情，也曾经合作过。实际上，杜鲁门先生和艾森豪威尔先生都曾邀请我加入他们的行政团队，任职于非正式顾问团。我不得不拒绝，因为长久以来我一直很了解自己，在一个大型组织机构，我没有办法发挥作用，我只能造成破坏。总之，我所有对于联邦政府和其他政府——州或地方的、本国或外国的——的工作，都是作为它们的一个顾问、一个朋友，或者接受一些特别的任务，我从来没有从政府那里获取过任何酬劳。不过最重要的是，我与政府合作的经验，可以追溯到多年以前。我最后一次接受重大的政府任务，已经是很久以前的肯尼迪政府时期。所以，今天要面对一群真正的专家开讲，我实在是诚惶诚恐。我必须事先声明，请各位容忍我的无知，我很清楚自己一定会说出很多对各位专家来说真的是非常幼稚的事情。

不过，作为局外人也有某些优点，局外人并不知道一些细节。尽管"细节决定成败"这句古老的谚语仍然是真理，但是只有细节也是不可靠的。你还需要看到整体的情况，而局外人通常来说看得更加清晰。

局内人每天忙于日常工作，完全专注在特定的项目上。这一点我很久以前就意识到了，任何事情只要沦为工作就会占用你所有的时间、努力和关注。然后，你很容易就会忘了明天，因为今天已经是负荷满满。局外人恰好相反，得以免于这些又讨厌又分神的事情，不必工作，也不急于创造结果。和局内人不同的是，局外人知道不可能把所有的事情都完成。

　　我今天要谈谈各位局内人大多知道不可能完成的一些事情，尽管你们大多数人也明白必须把这些事情完成。一年半以前，当副总统戈尔宣布推行"政府再造"计划的时候，全国上下直接的反应就是一个大哈欠，坦白讲，联邦政府大多数人的反应也是如此，连首都华盛顿的人也不例外。我斗胆猜测，现在已经改变观点并且今天坐在现场的很多人，当时也是这种反应。对这些人而言，身为政府活动的领导，他们觉得好像之前就听过这一切。实际上，甚至在1993年9月副总统第一次发布具体报告时，大多数人仍然觉得："这些我们以前都听说过，但是什么事情也没有发生。"我有一位朋友位居联邦政府高位，多年来一直致力于各位现在所称的"政府再造"，私下里和我说："唉，这个看起来简直就像10年前的《格里斯报告》（*Grace Report*），一样不会有什么结果。"然而，你们却是大有收获。

　　不过，有件事情仍然没有改变，各位对于一定要有所了解。整个国家——就我自己的完全不科学的例子来看，这里还包括许多在基层政府工作的公务员——对自己所做的事情几乎不加以关注。例如，在华盛顿以外的地方，我几乎从来没有在媒体上看到过关于政府再造的任何相关报道。这是为什么？各位明明已经做到了，而且成果骄人，但为什么这还是没有被看成一项成就呢？我想这是一个非常重要的问题，因为它可以给各位提供一条线索，下一个阶段的工作应该做什么？

　　如果你问我为什么你们会成功，答案很简单。你们之所以成功，是因为各位专注在执行效果上。的确，你们强调降低成本、减少支出，而且在1995年的预算提案中也提到了很多没有必要再支出的项目。我只能说，我希望你们在让国会通过方面比你们的前辈有更好的运气。你们也知道，他们很多人也曾经提出，要去除同样一些开支和计划，这些计划曾经有意义，但现在显然不再有了。不过，你们主要集中在成效上：使得这个办公室或者那个办事处更好地为顾客服务；促使美国进出口银行帮助中小企业成为全球市场的成功竞争者；提供很好的培训和更好的成效评价。这些就是所谓的真正的成就。或许个别的改变不能算是什么成就，但这里呈现的是一条比较长、比较慢的学习曲线。这是一个巨大的成就——我不认为我可能高估了它，整个联邦政府这个大机构里面的大部分人，愿意接纳建议并且充满了使命感。

这是一项丰功伟绩，但是为什么它没有受到众人的关注？原因就在于，这是一种进步，因为你们做好的每件事情都进步了，因为你们每一个单独的行动都进步了。这是一项成就的开始，不过除非它变成永久的、有组织的、自我提升的习惯，否则就只能是一种好心罢了。如果我用一个比喻，那就是你们播下了种子，很多种子现在已经发芽，不过很多小苗也有可能长不成庄稼。

容我唐突地说，当我看到关于美国进出口银行绩效的新闻公告时，我被逗乐了。因为所公布的每一项成就，都是我至少在 20 年前和当时新任的进出口银行的主管（我的一个老朋友）讨论过的。我这位朋友曾经骄傲地向我谈起过他所做的事情，跟你们在 1993 年和 1994 年的报告是一模一样的。不过两份报告都是真实的，当年他确实也做了这些事情。但是往后几年又消失了，之所以消失，是因为他并没有成功地——我不知道他是否曾经试过——向组织灌输持续进步的习惯，即清晰的目标、方向和有计划的方法措施。

　　下一个阶段该做的就是，从每一个单独的成就（当然这些成就是非常有必要的）迈向让联邦政府所有机构都能形成持续进步的习惯。我们知道怎么去做，不过并不是各位现在正在做的。这件事情需要不同的组织，最为重要的是，需要设定明确的目标，例如每一个机构每年都要有3%～5%的进步。这件事情需要方法，需要标杆管理（benchmarking）。

　　当然，"标杆管理"并不是什么新名词。比如，美国海军以标杆管理的方法，来提升枪炮性能的表现，至少已经有100年的历史了，而且强迫竞赛至少可以追溯到那之前100年前的英国。不过，今天标杆管理的意义，已经不再只是和某一机构内的最佳表现进行比较，它代表的是可以与任何地方最佳的表现进行比较，尤其是与外界的比较。由此来看，关于政府机构主要成就的报告，被许多外界机构或多或少地认为只是一些行政性工作的调整而已，不仅仅是企业界，很多的非营利机构也是这么认为的。

　　换言之，政府已经有了广泛采纳意见的意愿，而这绝对不是一项小成就。你们已经展现出了成功的典范，同样地，这也是一项大成就，而且很有必要。但是你如何把这些承诺转变为成效？如果没有一个有组织、有系统、持续不断的程序，没有单个机构可以用于衡量表现的标杆，那么一个人不论是在联邦政府内还是外，能做到最好的只能是承诺。那些不论今天看起来多么苍翠茂盛的小苗，也注定会枯萎凋零。

　　我们需要"政府再造"。如果我们不开始去做，在未来10年我们就会面临一场大灾难。各位记得吗？1992年的总统大选，罗斯·菲洛先生获得了近1/5的选票，如果不是他煽动性的不实言论失去民心的话，他原本可以获得更多选票。一个不一样的候选人，跳出来要精简政府，差一点就成功了。美国 1/5 的选举团把票投给了菲洛,从这一点可以很清楚地看出,他们不是太在乎政府哪个部门被精简,只要政府能被精简就好了,只要赤字可以削减就好了,还有就是不要加税。

现在有一个很大的危机,政府将会面临类似发生在许多大公司的事情,我称之为"无诊断截肢"(amputation without diagnosis)。在许多大公司,有很多大刀阔斧的精简行动,但是没有人清楚要精简什么,为什么要精简,要留下一些什么。最后的结果当然令人非常不满意。一家又一家的大公司,我们一年里总能听到有公司宣布要裁员 12 000 人,一年之后又宣布第二次裁员,因为上次裁员没有取得实效,所以要再裁掉另外一批 12 000 人。

除非联邦政府真正开始政府再造,否则我们面临的情况就是为了精简而精简,也就是为了数字而裁员和削减费用,而不是为了重建政府功能、力量和绩效。我们下一个阶段需要的是什么?我想我们已经无力承担太久的等待,我们需要问一些基本问题:这个机构的功能作用是什么?如果我们知道却不去做,那么我们将走向哪里?这个机构的使命是什么?或者这项计划还有活力吗?如果有的话,我们如何或者如何最好地开展?

一开始不要去处理那些应该被抛弃的部分,一开始要仔细考虑应该加强和建立的是什么。不要一开始就想着节约钱,而要努力创造成效。我不知道我们有多少时间,不过我们至少得展现给民众,这就是政府要走的路,否则我担心的是,我们将不可避免地面临"无诊断截肢"的命运。

做正确的事总要有一个开端。农业部就在问基本的关于使命的问题,只不过到目前为止它问的都是关于具体项目的问题。在我看来，它似乎并不是在问："如果现在没有农业部，还会设立一个吗？"希望各位不要介意我说了这么令人讨厌的话，我想今天这个问题一提出，绝大多数美国民众会大声回答"不会"。我们要农业部做什么？如今农民占人口比例不到3%，而且农产品也增加不了多少国民生产总值。真需要一个独立的农业部门吗？这些才是应该被提出的问题。如果不认真对待这些问题，在几年内，我们就会拿着大幅削减行动来取代思考。我们将无法进行政府再造，只会严重地破坏它。

让我再说一次，各位已经取得的成就是显著而重要的。这是第一步，现在是开展下一步工作的时候了，你们的成功已经证明这件事情是可以做到的。这些也很明确地显示出，把持续的进步变成习惯和真正的"政府再造"，这两件事情我们不是要修修补补，而是一定要完成。

# 做好自我管理再谈公司管理

来自 1996 年在斯洛文尼亚行政发展中心发表的谈话

　　所有的管理书籍，包括我写的那些，都是集中在对于别人的管理。不过，你没有办法管理别人，除非你先做好自我管理。

　　身为经理或主管，你最为关键而且重要的资源就是你自己。你的组织不会比你自己做得更好。所以，今天我们首先要来谈谈关于贵国和贵公司的发展问题。发展是一个非常广义的术语，最为重要的是，你可以从一项资源中获得多少东西，而这项资源是真正在你自己指挥和控制下的，即你自己。

　　当我观察每一个和我长期合作的组织时，我发现成功的企业与平庸的大多数企业之间存在一个差异，这个差异就是，那些经营着成功企业的人同时也在管理自己，他们知道自己的优势。令人吃惊的是，真正了解自己擅长什么的人实在太少。

　　我认识的大部分有杰出成就的人——其实没有多少人，他们都是以系统的、有效率的方法，找到了自己的真正所长。那么要怎么做呢？你要利用的是一种非常古老的方法，和现代管理没有一点关系，而且可以追溯到数千年前。每当你做一件重要的事情或一个重要的决策，特别是这项决策是跟人有关时（这是你要做的决策中最为重要的），你要把预期的结果写下来。然后，经过九个月或一年以后，再回过头来看。到那时候，你很快就会发现你的优势、你需要学习的东西、你需要改进的地方，你也很快就会发现你在哪些方面没有天分。

世界上没有全能的天才，但是一个人可以在某个方面做到相当出色。例如，我就见过有些人，看一眼就能够了解市场，不需要任何工具或者调查研究。但是当他们管理人的时候，就显得非常差劲了。所以，要找出你真正的优势，然后确保你在个人优势方面可以产生成效和结果。没错，一个人还需要努力克服弱点，但即使你非常努力，也终于在你完全没有天赋的领域具备了一些能力，你仍然没法成为一个顶尖的生产者。要想成为一个顶尖的生产者，你必须将自己置于所擅长的领域，然后不断地努力发展你的优势。

第二件需要引起关注的事情是，如何安排人事，要把员工安排在什么样的位置上。同样地，你要把员工安排在能够发挥他们优势的位置。当你观察一个机构时，你会发现每个人都可以赚到相同的钱，完全没有任何差别，每个人也可以取得相同的资源。一个成功的机构与其他大多数机构的差别，就在于人事安排。除了持续开发并提升自己的员工，更为重要的是，一开始就要把员工安排在他们可以发挥优势且确定不会影响工作的地方。

贵国无论怎样强调这一点都不过分。贵国正致力于迎头赶上，而且时间不多，那些居高位者必须树立风范。你的公司或许是小公司，或许无足轻重，但是在这样的公司里，管理者可以说是非常醒目的。大多数管理者要以身作则，只要观察那些真正出类拔萃的组织，总会发现有那么一个、二个或三个这样人，以身作则，树立风范，这具有十足的说服力。有一个高层主管做好榜样，然后其他人也会知道他们可以做到。对于贵国，这一点尤其重要，因为你们必须同时做这么多的事情，才能迎头赶上。

与此同时，所有之中最为重要的大概就是个人行为、道德方面了。我经常被问这句话是什么意思。我的回答是一个非常非常古老的回答，可以追溯到古希腊时期，我称之为"镜子测试"（mirror test）。每天早晨你看着镜子，当你在刮胡子或者抹口红的时候，你问自己："在镜子中看到的这个人是你想看到的人吗？你想当你所看到的这个人吗？也许用"羞愧"一词太过于强烈。由于你贪图省事、背信承诺、贿赂、做一些短视的事，你会感到不安吗？你是那样一个人吗？你在镜子里看到的人是你想见的吗？这就是镜子测试。这之所以重要是因为，你或许可以愚弄组织以外的人，可是你没有办法愚弄组织内部的人，你做出什么行为，他们也会做出什么行为，你将会腐化整个组织。

再一件要记住的事情是，要花足够的时间和精力在工作以外的事情上。在一个组织（不只是大组织）中一个很大的危险就是，你会消失在里面。组织会吞噬你，你会把所有的时间、精力和能力都花在组织内部问题上。

任何一个组织，尤其是企业，其绩效都会体现在外部。你不只要知道顾客在哪里，也要知道非顾客在哪里。即使贵公司是行业中的翘楚，也很难占有 1/3 以上的市场份额，这就意味着，2/3 的顾客没有购买你的产品。你应该确保你有足够的时间去研究这些非顾客。为什么他们不从你的公司购买？他们的价值观是什么？他们的期望又是怎样的？

改变实际上总是从非顾客开始的。20 世纪五六十年代，在发达国家中占据工业市场版图的是汽车工业、商业银行、大型钢铁公司，如今它们几乎都处于被动防守地位。这些产业的衰落都是始于公司外部，是从非顾客开始的。美国和日本的百货公司现在面临严重的危机，而它们在40 年前可是称霸整个零售业。这当中的改变也是始于非顾客。百货公司的基本理念是，当丈夫上班、孩子上学时，家庭主妇可以在百货公司花很多的时间，同时又可以产生一种是在为家里、为孩子做点什么的感觉。突然之间——开始是在美国，然后蔓延到整个发达国家，家庭主妇有了工作，因此她们没有时间了。不过，最初这些受过教育的女性也从来就不是百货公司的顾客，所以百货公司（有关顾客的分析数据大概是所有产业中做得最好的）甚至到突然失去市场之后，才意识到新一代女性并不在百货公司购物。

所以第一要务就是，确保你和外界有着紧密的联系，由此你不必依靠报告上的数据。我所知道的一个最好的例子：许多年以前有一个人建立了一家全球大企业，那时医学界正在发生重大改变，医生从个人执业转向到医院就业（第二次世界大战期间发生在所有发达国家），这家企业很好地利用了这一点。它有一项简单的规定：公司的每个主管（从还是小公司的时候开始到逐渐发展成为一家大型跨国公司），每年都要花一个月的时间待在公司外面；每次有销售人员休假，就会有一位主管接替他的位置两周；每年两次，去拜访客户，销售产品给客户，或者介绍新产品到医院。结果，这家公司对于快速变化的市场了如指掌。

　　另外各位也必须了解的一件事情是，你们公司的"核心竞争力"是什么？公司真正擅长的是什么？顾客为什么要向公司付钱？他们为什么购买公司的产品。世界已经变成了一个竞争性的非垄断的市场，在这样的市场上，顾客绝对没有理由非得买你的东西不可。他付钱给你是因为你给了他一件有价值的东西。是什么东西让顾客愿意付钱来购买？你也许认为这是一个简单的问题，然而并不是。

　　我跟一些全球最大的生产厂商、消费品经销商一直都有合作，你们所有人都在使用它们的产品，甚至在斯洛文尼亚。它们有两种类型的顾客：一种当然是零售商，另外一种是家庭主妇。她们付钱要买什么？这个问题至今我已经问了一年。我不知道全世界生产香皂的公司有多少家，但是一定有很多。我不知道一种香皂与另外一种香皂之间有什么差异。那就问大家，为什么购物者会有偏好，而且还很强烈呢？那块香皂为她带来了什么？为什么美国、日本和德国的顾客愿意购买某家生产厂商的香皂，而同一个货架上还有其他很多企业生产的香皂？她通常对别家的香皂看都不看，伸手就拿起了那块香皂，为什么？她看到了什么？她想要什么？请努力找出答案。

　　顺便跟各位说一下，找到答案的最好方法不是问卷调查，而是跟顾客坐下来好好谈一谈。就我所知，世界上最成功的零售商不是大型的连锁零售，而是一家爱尔兰的小公司，斯洛文尼亚和爱尔兰差不多。这家公司所在的位置就位于英国附近，而英国拥有很多实力雄厚的超市，爱尔兰也有很多。然而，这家小公司却在三明治市场占有60%的市场份额，它是怎么做到的？答案就是，这家公司的老板每星期会花两天时间，在商店为顾客服务，从肉品柜台到结账处，甚至还帮顾客打包，把购物袋放到顾客的汽车上。为此，他就能了解顾客花钱买了些什么。

　　不过，让我再回到一开始的主题，最先要进行管理工作的地方不是在工厂，也不是在办公室。首先你要做好自我管理，找到你的优势，将自己放在可以发挥优势的地方，并确保你树立了好榜样（基本就是道德上），同时把你的员工安排在可以发挥他们优势的地方。

# 论医疗保健

来自 1996 年在哈佛大学医学院的演讲

现在美国大多数的谈话都充满了忧虑和担心，因为媒体的头条新闻多是"美国医疗保健危机"，事实上，今天每一个发达国家的每一套医疗保健系统都面临着严重的危机。日本远比我们严重得多，德国也比我们更糟，英国有些部分做得不错，但医院也是一团混乱。当面对一个蔓延全球的传染病时，我们探讨的就不是个别国家的问题，而是整个医疗保健系统失灵的问题。

早在 1947 年我就和医疗保健系统有了一些接触。当时我住在佛蒙特州，在班宁顿这家规模比较小的学院工作。我被安排在佛蒙特州和新罕布什尔州的蓝十字做董事会成员。我们每年都有年会，地点就在我家北方 60 英里的地方，那年 4 月还爆发了暴风雪，于是我待在家里没有出门。那个时候我被选为董事会的财务秘书，就这样我进入了医疗保健系统。我与这个系统的缘分可以说已经有 50 年了，不过只能说是沾得上边而已。

医疗保健系统唯一可能已经发生的事情就是出现了危机。这个系统已经没有像之前那样的增长了，已经超出了基础架构的负荷。

在那所学院里，我的一个经济学家同事时任校长，我任学院院长。第二次世界大战期间，我们两人都有战时工作，该学院由我们共同经营管理。他常常跟我提起，1929 年时他还是一名年轻的经济学者，取得博士学位后的第一份工作就是在一家医疗成本委员会任职，这个委员会是胡佛总统成立的。据我所知，该委员会没有公布过任何报告，因为报告的结果完全不被胡佛先生接受。当时他想在美国国内推动德国那样的医疗保健系统。如各位所知，胡佛在欧洲生活多年，是德国医疗保健系统的崇拜者。但是，国会没有通过他的提案，所以他想展示的是，医疗保健支出是一个非常重要的社会议题。不过那个拥有医学、社会学与经济学精英的委员会，并没有发现任何医疗保健的成本。1929 年时，医疗保健只占美国国民生产总值的不到 0.5%。自此之后，时至今日，那个数字已经从 0.5% 增加到 14%。没有一家机构可以承受这样的增长，顺带一提，这种增长大多发生在第二次世界大战以后。最后，我们陷入了这样一个无法再修修补补的绝境，而且世界各国的情况都一样。

所以，美国现在正在做的事情着实把我吓了一跳，因为一开始我们各种补救，然后我们自以为这只是美国的问题，然而并不是。这是成功的医疗保健系统的问题。我们原本的假设已经失效，我们不得不重新设计这个系统。我说的不是如何为这个系统买单，这是一个错误的开始路径。正确的开始路径是要问，我们要为什么买单。

这个系统所要应付的需求，大概有一半是过时的治疗，非常像亚历山大大帝军队里军医对病人的治疗。我们都知道，给脚踝拍 X 光片与其说是出于医疗的需要，还不如说是为了满足病患的要求。不管怎么样，都要花三个月的时间才能自己痊愈。当然，你可以打一剂类固醇来止痛，可是一样，还是得花三个月的时间。婴儿的腹泻和哮吼这样的病症也是如此。治疗类似的病症占到医疗支付的 2/5，或者整个医疗保健费用支出的 1/5。

从另外一个角度来看，现代也有一些医疗治疗史上从来都没有出现过的病症，那些医生虽然没法治愈，但是他们可以让我这把年纪的人，身体上某些功能还能或者至少有希望能继续正常运转。不能治愈某些病痛的想法基本上是违背医学精神的。我因滑雪造成的膝盖旧伤，你没有办法治好它，但是你可以帮助我与它和平相处。

在两者之间，我们还有传统的临床医疗，伟大的医学进展都发生在这个领域。这一部分占到整个系统需求的 25% ～ 30%，但是费用的支出远远超过这个比例。

每一种医疗都有相互重叠的部分，但是它们又有所不同。我认为我们必须设计一个系统来接受这一点。所以，未来的医疗保健中心会是什么样子？它能呈现出何种模样？你们可能已经注意到了，我并没有称之为"医院"，因为对我们大多数人来说，医院就应该有病床。

在我所居住的社区，就有一家非常好的医院，有 480 张病床，1995年 10 月我在那里住院，接受过一阵子肺炎的治疗。后来院长过来看我，我感谢了他并说："乔治，今天早晨你都做了些什么？"他说："今天早晨，我巡视了心脏加护中心，然后是整形外科和儿科。"然后我又问："三个星期前你们漂亮的核磁共振（MRI）中心开业，你去过那里吗？"各位知道，他在该中心投资了多少，对吧？可是他从来没有去过那里。他还筹钱创办了一个优秀的地区癌症中心，但他也没有去过那里。那是一家门诊中心，可以做化疗和拍 X 光片。然而，他还是把全部的注意力集中在病床上。医院 70% 的收入都来自门诊服务，但是他却完全不知道那边在做些什么，他甚至不知道医院有多少台超声波扫描仪，因为那种事情只需要各位看诊的医生知道就好了。

现在的管理都是产生于过去的医院。我刚刚又重新拜读了刘易斯·托马斯（Lewis Thomas，耶鲁大学医学院院长、斯隆·凯特琳癌症中心主席，以其涵盖各类广泛议题的优美文章而著称）的文章。20 世纪 30 ～ 50 年代，医学发展的重大进展集中在病床上。可是自此之后，重大的进步都来自外围。因此我认为，未来的医疗中心主要是一个诊断和研究中心——研究是广义的研究，也许教育是一个更好的说法。而且基本上，医院的院长就像一部歌剧的指挥，他旗下有明星、配角，还有一支乐团。

在医疗保健中心，我甚至不能确定大多数人是否可以接受到医生的服务，绝大多数情况将会是由护士在几位医生的指导和监督下，为病人提供服务的。我们已经朝这个方向快速发展，也许不一定是在一个像波士顿这样的大城市。当你去纳什维尔（Nashville）或是阿尔伯克基（Albuquerque）这样的地方，你就会看到那里的医院附设有农村卫生中心，卫生中心由护士负责，有一位医生每周来看诊一次。护士要知道她或他（顺带一提，一半的护士是男性）在什么时候能力有限。这是一部分，病床算另外一部分，还有一部分是慢性病疗养恢复中心。而且，未来医疗中有巨大的门诊商机，集中在诊断和教育活动上。

医院是协调中心，即分配资源、维持制定标准的地方，有着大量的人力资源工作的地方。这种医院并非历史上就有的组织，或者像大多数的医院工作人员看待的那样。我讲的不是结构，我讲的是必须发挥的功能。它们虽然有所重叠，但同时又是独立且独特的。

另外一个必须面对的问题是医疗保健经济学。没有一个既是劳动密集型又是资本密集型的组织能够生存下来，这是公理。这属于经济学初级课程。一开始的时候，医院完全是劳动密集型的，今天，医院有着巨大的资本投资。然而，医院还是劳动密集型的。这一点违反了第一原则，资本投资可以替代劳动。当一家医院购入了一台新的前列腺超声波机器，这并不会省下劳动，你需要增加 12 个人来运作这台机器，不是吗？不断增加新的人员，这是一种经济怪象，我们还不知道如何应对它。

另外一个问题是健康维护组织（HMO）的问题凸显。我的医生朋友们都怨声载道，因为管理式医疗（managed care）的关系，他们现在必须先打电话取得管理部门的许可，才可以进行治疗。然后，和他们谈话的并不是一位医生，只不过是一个 22 岁的文职办事员。他们说得没错，这是非常令人反感的，而且根本没有必要。

我算是出生于医生世家，这是我的医生家族的长辈们在 20 世纪 20年代初期［当时奥地利政府实施的是国家强制医疗保险（state-mandated health insurance）］最大的抱怨之一。起初，医生们需要和一个非医生来讨论病人的治疗，这些把医生们激怒了。接着我们很快就明白了，每一笔资金必须有一位医疗主任。在恺撒医疗集团（在第二次世界大战期间，在美国首先推出自愿预付医疗计划的公司），最初也有一位非医疗专业的管理人员，然后过了 5 年，恺撒公司才意识到，这样行不通。而现在，正如大家所知，该公司在每一地区选出一个医疗主管，通常任期是

5～10 年。然后医生们和这样一位医生同仁打交道，这种做法是我们必须学习的。

我不知道我们还需要多久才能开始抓住事情的本质并着手处理，而不是简单地缝缝补补。然而这就是我们现在正在做的事情，不只是美国一个国家在这么做。你们也许对克林顿夫人的全民保健计划持有非常反对的意见，然而她的确在做一件事情，这件事情可能让她成为全民公敌，但是至少她尝试了一种系统性的方法。反观我们现在做的，不过只是想再次修补，同样是行不通的。日本人在这样做，德国人在这样做，英国人也在这样做，但是这种方法肯定是行不通的。我们必须面对现实，那就是我们今天所面对的医疗保健系统已经变成了一只野兽，和我们所有人从小到大所接受的医疗保健截然不同。我们要问的不是"我们要如何改变这个或者改变那个"，我们要问的是："是什么样的规范和标准？这个系统要满足哪些基本要求？"实际上，经济上的失控只是一个症状，是严重失调的一个症状，而传统的方法是行不通的。

# 变动中的世界经济

来自 1997 年在洛杉矶乔纳森俱乐部的演讲

我今天讲的重点是六个主要发展趋势，这些趋势到目前为止还没有受到太多的关注，但是即将演变成影响深远的趋势，重要性超过大家在报纸上或者商业新闻上经常读到的消息。这六个重要的变化，我认为将会决定一个国家（包括美国）、一个产业以及每一人是否能够成功。

我将从一个问题开始。是否有一种新的技能是你和组织需要的，它几乎还没有被人提到，更别说可能已经具备了？有一种，就是组织的外汇风险管理技能。自尼克松总统利用调整金本位制来减少美元损失，期望以此来稳定货币，已经过去 25 年了。我不说大家也已经知道，他的这种期望落空了。相反的是，美国出现了有史以来的最大的外汇震荡。

可以肯定地说，这种震荡还会持续。当今的世界经济形势和我开始工作的那个时期非常相似，我工作始于 20 世纪 20 年代晚期，也就是经济大萧条前夕。那个时候，英镑再也无法承担其作为世界关键货币的责任，而美元还没有做好接手的准备。如今的情况则是，美元再也无法完成其关键货币的角色，尽管它仍然是主要的交易货币，而且未来很长一段时间都会维持这种角色。此外，其他货币包括德国马克和日元，都不能承担起关键货币的角色。

5 ～ 8 年以后，也许能有一个开始运转的欧洲货币，将成为国际关键货币。坦白说，我认为最有希望的是德国。如果那种情况真的发生，到时候国际关键货币又可以再次稳定下来。此外，世界上充斥着"非货币"（nonmoney）。世界经济中流动的数百万美元都将只是虚拟的数字，没有实际的价值。

就经济方面而言，这数百万美元完全没有任何经济功能，这些钱都不是经济交易、生产或贸易的产物。它们大都是投机货币，不是真正的货币，是虚拟货币，而且这些货币都拼命去博取一些回报。它们同时也是"热钱"，是为了获得高额利润或者保值由一国转移到另外一个国家的流动资金，因此只要有一点风吹草动就会觉得草木皆兵。过去几个星期，我们已经看到这种情形发生发展的速度。未来我们将会看到更多发展速度更快的关于货币的恐慌。我敢说在未来的几年里，这种事情一年至少会发生两次。这意味着你必须学会管理你所在组织的外汇风险。到目前为止，几乎没有人懂得怎么做。所谓的管理外汇风险并不是投机，而是"反"投机。

我要说的第二点，和我刚刚提到的事情有着很大的关系，就是发达国家（包括北美、西欧、北欧和日本），都面临着人口不足的严重危机。

这些国家现在主要问题是一个新的社会问题：年轻的工作人口在持续萎缩，而达到传统退休年龄的人口在持续增加。

在所有这些国家中，美国这个问题算是最小的，我们的出生率还足以保住总人口不减少：平均每位育龄妇女大约生 2.4 个小孩。不过，我们之所以有这么高的出生率，只是因为移民的大量增加。近年来，这些移民来自新出生人口多的国家，但是本地的美国人已经不愿意生孩子了，他们的出生率在 1.5 或者更低。

除了美国，其他发达国家的出生率也都远低于可以维持目前人口数量的比率。出生率最低的是南欧的葡萄牙、西班牙、法国南部、意大利南部和希腊，平均每位育龄妇女只生一个小孩，这样的出生率太低了，因为每去世两个人，只有一个小孩来替代他们。德国和日本的出生率也只有 1.5，远低于能取代目前人口的比率。意大利政府预测 70 年内人口将下降一半，现在意大利大约有 6000 万人，21 世纪末，人口最多 2200 万人。在日本，政府预测 21 世纪末，人口将会由目前的 1.25 亿人下降到 5500 万人。

比这些绝对数字更为重要的问题是，传统的工作年龄人口（14 ～ 65 岁）和传统的退休年龄人口（超过 65 岁）数据将快速恶化。因此，未来 25 ～ 30 年，发达国家的核心问题是，老年人越来越多，年轻人越来越少。唯一的解决方法是，老年人持续工作到更大年纪。

人口结构的变化意味着发达国家面临一个全新的、根本性的管理挑战：知识工作者的劳动生产率。这些发达国家在知识工作的品质方面已经占不到优势，因为中国和印度的知识工作者在每一方面都跟我们的人才一样优秀，唯一的区别是发展中国家的知识工作人才还太少。以中国为例，在高等教育上做了很多投资的国家，即使是这样，大学和学院学生的人数比例仍然不及美国的 3%～5%，印度的情形也是如此。虽然占据数量上的优势，但唯有努力让知识工作者的生产力发挥更大的作用，我们才能有决定性的优势。

这是所有发达国家将要面临的基本挑战，而且到目前为止，我们在提高知识工作者生产力方面什么都没有做。这 100 多年来，我们一直努力提升体力劳动者的生产力，而且成效斐然。可是如果谈到知识工作者的话，我们完全看不出这群人的生产力比 19 世纪有什么提高。

实际上，所有的数据都指出，今天知识工作者的生产力大多低于1929 年的知识工作者。每次研究知识工作的时候都会发现，不论是在他们专业领域的工作上，在他们愿意从事的工作上，还是在他们领薪水要做的工作上，他们所投入的时间都非常少。医院的护士，在每个发达国家，应该都是今天全球知识工作者当中受教育程度最高而且准备最为充分的那群人。但是我们研究却发现，他们工作时间占到全部时间的70%～80%，可是生产力和绩效却没有提升多少，他们被滥用来做一些低级的事务性工作，这是极大的人才浪费。

总之，一些亚洲国家极力推动出口到西方国家。是否这些国家同时也会转为西方国家的主要客户，仍有待观察。然而，有一件事情可以肯定的是，未来 10 年或 15 年，对世界经济具有决定性影响的大事情不会发生在发达国家，而会发生在发展中国家。

现在让我转移一下话题，谈一个非常不同的话题：是否有所谓的世界经济？回答是有或者没有。就经济而言，全球已经稳定整合为一体。然而从政治方面考量，世界可以说是相当分裂的。谁也说不准，10

年后是不是会出现一个加拿大合众国，是不是还有比利时这样一个国家存在。

实际上，现代信息使得全球的这种分裂更加容易。在和平时期，强国不再有任何真正的优势，也就是说，发达国家之间的竞争将加剧，而且竞争经常是来自一些几乎没有听说过的国家。从这个角度而言，我们有着所谓的全球经济体。即使你的市场纯粹是当地市场，你也必须对这些情况有所了解，注意到这种形势，然后以全球经济体的思维来指导行动。

我要和大家谈的最后一点是，各位身为各企业的高层管理人员，将来一定要掌握自己所需的信息。我们中的大多数人深陷数据的泥沼中，很少有人能接收到任何信息。现在，我们所接收到的大多数数据可能对我们来说是有害无益的。在许多组织，电脑已经让管理的竞争力降低，因为电脑得到的数据都是内部数据，不管是财务核算系统还是管理咨询系统。这也使得高层管理人员将所有的注意力都集中在公司的内部事务上，电脑数据恶化了这种趋势。

在未来10年，内部数据系统必将彻底改变。原因之一是，管理人员至今仍然依赖的会计系统会提供企业法人的报告。即使最大的企业在经济链（从供应商到客户）当中也只能占到1/3。然而所有的管理层得到的信息只是内部的。财务会计即将发生彻底改变，改变之大将超过80年前通用电气和通用汽车所开发的成本会计系统。

不过，即使有之前的种种改变，财务核算信息仍然会以内部各项运作为主。然而，各位如果看看过去50年，这样的改变来自哪个行业？自第二次世界大战以来，这样的改变都不是来自行业内部，而是外部，大多数是来自"非顾客"，以及过去从来没有想到会成为竞争者的对手。举个例子：我的一个朋友在一家大型制药公司工作，他根本不知道医疗保健服务的改变并不是在药物方面，而是在医疗电子产品上。这家公司的管理人员拥有药品市场上的所有信息，浑然不觉市场机会已经悄然消失。他们不懂遗传学、分子化学，甚至不知道医疗电子产品的存在，他们只不过是一群药理学专家。

在商业银行界也是一样的情形，甚至大学也一样。我们很少有人拥有外部信息，所以每家企业的高层主管现在所面临的一个最基本的挑战就是：开始管理信息。

计算机最初问世的时候，我有一个客户叫作 IBM，我有幸担任了它在研究计算机时代的工作小组的顾问。那是 20 世纪 50 年代初，我是为数不多看到了计算机不只是一个大型计算工具的几个人之一，计算机会带来革命性的变化。然而，我们当中没有人预测到真正发生的事情。我们都非常肯定，在短期内计算机将彻底变革商业运作方式，但是时至今日，这种事情并没有发生。今天大多数的商业管理依然按照传统的方式进行，主要还是凭经验、直觉行事，然后把这些拿来量化，并称之为长期规划。

从今往后，每个组织的主管都必须问："为了经营这家企业，我需要一些什么样的信息？""这家企业需要什么样的信息？""我的工作需要哪些信息？我要跟谁、从哪里、何时得到这些信息？"这样过不了多久，公司高管就会看到他们需要的信息大多是外部信息了。

这些重大的改变不是未来会发生，而是已经发生了。

# 放松管制与日本经济

来自 1998 年在波莫纳学院太平洋盆地研究所的演讲

在世界各地，政府高层官员都是空降部队，最极端的例子不是日本，在日本只有最高层的官员才是如此。最极端的例子是德国和法国。在德国，每个掌握实权的职务，都是由曾经担任过政府中高层行政官员的人来担任，他们没有能够爬到顶层，然后就会成为贸易商会的执行董事——在德国这是一个强制设立的且具有实权的位置——或者，如果你是一名社会民主党党员，那么就可以担任贸易联合会的执行董事，这个职务同样是强制性的且具有实权。法国更甚，法国企业界所有大权在握的人士及所有的大学董事全部来自政府。

所以美国是个例外。在所有发达国家，政府官僚体系就等同于国家领导团队。因此，在探讨日本之前，先从其他国家着手，看看可以学到些什么，这是个不错的主意。

第一点我们可以学到的，也许是官僚体制远比我们想象的更具有反抗力，也更为顽强。19 世纪末，法国的主要官僚集团是军方，军方在1896 年"德莱福斯丑闻"中名誉扫地。然而，第一次大战期间它却依旧把持权力，只不过没有人说破，直到在第二次世界大战中战败。德国军方的官僚体制也非常类似，因此我们可能低估了官僚体制的持久力。

原因并不是这些集团势力强大，而是别无选择。在美国，我们认为国家不需要领导团队。我要说这正是我来这里演讲的原因之一。我恰巧赞成这种看法，我百分之百地赞成。不过美国的情况是独一无二的，其他国家都不具备这样的条件。在其他发达国家都有一个领导集团，他们是全国民众普遍接受的领导阶层，而且通常别无选择。

在日本我就看不到别的选择（尽管有来自内部的压力，要求放松管制、缩减官僚体制，以提高劳动生产率及激活经济）。回顾历史，凡是传统上有领导阶层存在的国家，一旦少了这个阶层就会非常危险。魏玛共和国（德国共和国，1919 年成立，1933 年被希特勒的第三帝国所取代）倒台原因就是军方精英集团后继无人，公众既不接受企业家，也不接受专业人士作为政府领导者，因此没有广泛接受和尊重的领导团体。

因此，我们不要太过于肯定，认为取消官僚体制既符合日本也符合世界的利益。如果日本的官僚团体失去其权力地位，我看不到任何继任者，你能看到吗？我可以向大家保证，日本的大企业得不到人们的支持。没错，大企业受人尊重，尽管在第二次世界大战前情况并非如此。但是民众并不认可企业可以领导国家，学术界也不被大家接受为领导层，顺带说一句，这是理所当然的。军方自然不行，而日本又缺乏有体系的宗教，那还剩下谁？所以，我一点也不急于看到日本的官僚团体失去其领导地位，尽管它正在积极地自杀，这一点毫无疑问。

在剩下的几分钟，我还要说的是，放松管制并不符合日本或者我们的利益。不过，我认为放松管制势在必行，而且会很快到来，但是对于前景，我并不乐观。我想带大家回顾一下历史，来解释为什么会是这样。

我第一次去日本是在 20 世纪 60 年代，我与日本政府有非常紧密地合作，主要是和当地政府的一些组织合作。我很肯定地说，有两大领域的管制将会解除，而且这种解除会很快到来。

一个是农业。日本当时仍然有 50% 的落后、低效且完全受到管制的农村地区。我相当肯定地说，农业管制很快会被解除。另一个领域是零售业，日本的零售业当时连 19 世纪的水平都达不到，可能只到 18 世纪末的水准，那时家庭作坊式商店的营业收入只占到 1.7%，如果你对零售业有所了解，你就会知道，低于 10% 一定是一场灾难，所以我能确定那种小的店铺无法生存。然而，日本的官僚说："我们也懂得这个道理，但是如果我们很快淘汰这些店铺，将会发生社会动荡。"我说："那么如果你们一再推迟、推迟再推迟会发生什么状况？"然后他们说："我们不知道，但是有时候有些状况确实会发生。"我说："你们太疯狂了。"

我说："你们想要一次截肢一点来救治病人，最后可能会害死病人。"他们却说："总会有一些事情会发生。"结果是我错了，他们对了。他们一再地拖延耽搁，最终今天的日本农民人口只占 6%，而且农业算是相当有效率的部门。那些小店铺成为大型零售连锁店伊藤洋华和大荣的加盟店铺，看店的仍然是老板和老板娘，但是这些小的商铺集中由电脑来运营。如果你看看它们的税赋，你就会发现，从酒水营业额、商品供应、控制和价格等方面而言，这些商店都要远超沃尔玛。

所以两次拖延都成功了。我以前不认为这能行得通，但是我错了。我认为现在拖延行不通的主要原因在于，过去这些发展是在一个快速扩张的经济架构中进行的，我持有怀疑态度的主要理由在于人口结构的变化。日本的劳动人口在20世纪六七十年代增长极快，现在开始下降。众所周知，没多久以前，日本还是发达国家中最年轻的国家。到2000年，它将会成为最老龄化国家，它的出生率完全不足以替代减少的人口。

这不仅意味着经济无法扩张，也会使退休财务安排的负担日益加重，这又与日本的低利率自相矛盾，低利率是日本对金融市场进行管制的基本理由。日本人十分清楚这一点，千万不要误认为他们很笨，或者误认为他们不知道形势的变化。就我所知，没有一个国家像日本那样，有非常精明能干的人花费大量的时间去思考他们为什么要做这些。我合作过的日本政府部门及日本银行有着非常多的很有才干且心思缜密的人才。他们知道他们有着一个成本高、效率低的金融系统，而且只要他们对外做出些许开放，外国人就会像控制外汇那样控制金融系统。但主要的考虑还是希望金融系统为日本产业提供无成本资金，也就是利率为零。它已经成为为日本企业提供免息资金的工具，而且的确做得很漂亮。

现在，随着退休人口的不断巨量增加，下一个会出现的需求，也许会是利率要能够让中年人实现为退休所准备的投资组合。这和现在的金融体系是极不吻合的，现在的金融体制设计是让人们储蓄但不支付利息，从而协助产业获利。我想这样的压力可能会迫使日本解除管制。

如果你看看日本的统计数字，你就会感觉到相当恐怖。它的社会保险制度是基于年轻人的人口数量不断增长的假设，这个制度的设计必须转变为针对老年人口数量的增加以及年轻人数量的萎缩来进行修正。我认为这才是真正的压力，它与现行的制度设计是相矛盾的。

不过，我要指出的是，我们不能排除日本人一而再再而三地一点一点地拖延，然后等到问题自然解决。我认为压力已经太大了，不过正如我所言，以前我也曾进行了错误的判断。

倘若放松管制真的发生，也不必过分开心。因为，如果要了解日本，请认清一点，没有一个头脑清楚的日本人首先想到的会是经济，这是美国人的谬见。我也跟其他很多人一样，相信对美国社会最有用的就是把所有的法学院和经济系关闭 20 年。为了避免大家有任何的疑问，我自己就有法律学位，而且被认为是一个经济学家。不，日本人首先会想到的是社会，因为他们的社会十分脆弱。

解除放松管制固然有经济方面的收益，但是却会带来社会危险。大家知道，我父亲曾经是一家大银行的董事长，奥地利政府在 1923 年把他放在了那个位置上。那家银行就在我学校的斜对面，所以放学以后，我就到父亲的办公室里去做功课，然后父子俩再一起回家吃晚饭。那家银行是在第二次世界大战前第一家倒闭的银行，因为它的效率非常低，它以效率低下闻名。每当我经过一家日本银行时，我就似乎看到了我父亲那家 1923 年的银行，唯一的区别是日本的银行被搬到了计算机时代。但是从根本上来说，从经营和用人方式来看，这些银行还是 19 世纪的银行，每笔交易所耗费的人力是实际需要的 5 倍，可能是管理比较完善的美国银行的 7 倍。可是那些多余的人又该往哪里去呢？对日本财务省而言，这个问题比"这是不是一家有效率的银行"这样的问题重要多了。

所以，我的结论是，我们在美国对日本所做的推测恐怕是不正确的。我们假设日本的官僚和领导团体是个例外。其实并不是这样，所有的发达国家都一样。不要认为解除放松管制对日本来说是件好事。在金融上，正确；在经济上，正确；在社会上，快速放松管制可能会造成极为严重的损害。

# 自我管理

来自 1999 年在彼得·德鲁克非营利管理基金会（现为领导与领导学会）会议上的讲话

数百年之后，当我们当下的历史可以从更为长远的角度来撰写的时候，我想非常有可能的是，在那个时代的史学家眼中，最重要的事情不是科技，不是互联网，也不是电子商务，而是人类的环境发生了前所未有的改变。有史以来第一次，我是说真的第一次，有大量的而且数量仍然在不断增加的人有了选择的余地。有史以来第一次，我们必须自我管理，然而，我们对此完全没有准备好。

在这次演讲中，很多人非常贴心地给我提出了很多问题，对此我非常感激。但是，这 28 个问题中没有一个问题是和自我管理有关的。这些问题都集中在："我该如何和别人相处？""别人该如何对待我？""如何让自己受到更多的重视？"然而没有一个问题提到："我应该怎样培养自己？我应该如何了解自己？"这不奇怪，在整个历史中，实际上没有人有选择的余地。

直到 1900 年，甚至在最发达的国家，绝大多数情况还是子承父业，这还要说运气好。那时只有向下的流动，而没有向上的流动。如果你的父亲是农民，那么你也是农民，如果他是工匠，那么你也是工匠，以此类推。如今突然有大量的少数人——而且人数还在不断增加，可以做选择了。

甚至，他们可以拥有多于一种的职业。在我看来，现在人们的工作生涯接近 60 年，而在 1900 年，则只有 20 年。实际上，我们的工作生涯增长得比整体寿命增长快很多。我们最先看到的现象之一是，很快我们将不再认为退休是工作生涯的终点，退休年龄甚至会比过去早一些，但是工作生涯会持续下去。可以预测到的是，在未来 25 年，即使是在美国，大多数人直到 70 岁还会继续工作，也许不是某家公司的全职员工，而是临时或者兼职人员。

部分原因是出于经济需要。我的孙辈们不再愿意把收入的 35% 用来供养完全有能力工作的祖父辈。因此，无论你在退休账户里存了多少钱，只有很少数人能够不靠一些额外的收入来过活。

不过，知识也给了我们选择。我的高级管理研修班的学生们平均年龄 45 岁，都是成功人士，他们每个人都会提到："我不打算在目前的工作上结束我的职业生涯。"他们每个人都表示："我最底下的抽屉里有一盒名片，里面有一旦我想换工作就可以联系的 20 个人的名片。我每两个月都会给他们打电话保持联系，以备我想另谋发展。"这不是因为他们不满意现在的老板，相反，他们会说："现在这家公司需要一个好的有机化学师，但是我看得出来，在未来几年内，我们的产品、市场就会改变，到时候他们不再需要像我这样的人，我也不愿意只是坐在办公室里看文件。"

所以，我们首先必须学习了解自己。我们对此并不了解。当我问这些学生："你知道你擅长什么吗？"几乎所有的人都没有答案。"你们知道自己需要学习一些什么以便充分施展才华吗？"他们甚至没有一个人问过这样的问题。相反，他们大多以自己的无知为傲。你经常会碰到这样的人，他们非常自豪于自己看不懂资产负债表。然而，如果想在今天的环境中成功，一定要看得懂资产负债表。另外一方面，有的会计师对于自己无法与人相处，同样感到自豪。这并没有什么值得骄傲的，应该是感到羞愧才对，因为这种事情可以学得会。学会说"请"和"谢谢"并不困难，而这种礼貌可以让人和你友好相处。

然后，我接着问："你知道自己是怎么工作的吗？"好吧，大多数人知道自己是早起型还是夜猫子型，但是几乎没有人了解自己是阅读型还是聆听型。然而，实际上世界就是如此划分的。艾森豪威尔是一个成功的将军，却是一个失败的总统，原因就在于他的阅读能力超强，而他的两位前任罗斯福和杜鲁门都是聆听型的。他想要做一个聆听者，但是他听不进去，只能阅读。另外，林登·约翰逊总统像其他任何一个国会议员一样，有着超强的聆听能力，却完全无法阅读，他的眼神凝滞，他必须用听来解读。艾森豪威尔不知道这一点，我的学生也很少有人知道，我的客户更是不懂。然而，这会产生很大的差别，你只需要告诉此人，"听着，我是一个聆听者，所以在你把那份重要的报告给我之前，告诉我里面有什么"。或者，"我是一个阅读者，在你对我长篇大论之前，给我一两页报告让我先看看"。然而，没有人知道这种差别。

　　同样地，很少有人知道自己适合哪里，有着什么样的脾气，或者是什么样的人，是否适合待在大公司。我最小的女儿在一家大企业工作，如鱼得水，而我其余的家人，没有一个能在大企业做事，都不适合待在大企业。很少有人知道这一点。我是否能与别人合作？我是独行侠吗？我的价值观是什么？我努力的目标是什么？我的贡献在哪里？

　　如同我前面所说的，这是史无前例的，唯有天赋过人者例外。莱昂纳多·达·芬奇有着整本的笔记，在这些笔记本里有对自己提出这样的问题。莫扎特也懂得这些，而且了解得非常详细。各位或许也知道，莫扎特是音乐史上唯一擅长两种完全不同乐器的演奏家，他不但是钢琴大师，也是令人难以置信的小提琴大师。然而，他认定一个人只能精通一种乐器，原因在于，如果要精进琴艺，每天必须练习3个小时，而他每天没有那么多时间，所以他选择放弃小提琴。他知道这个道理，也把这个道理写了下来，流传下来的笔记本就是最好的证明。有极高成就的人总是知道什么时候应该说不，他们总是知道应该追求什么，以及知道该把自己放在什么位置。这便是为什么他们能够获得极高的成就，而如今我们每个人都要学习这些。

　　这些并不是很难，关键在于学习达·芬奇和莫扎特的做法，写下来然后加以复核。我不是在告诉大家什么新方法，这种方法在14世纪就已经有了。关键在于每次你做一件重要的事情前，把预期会发生的事情写下来，然后再回过头来问："这个决定的结果是什么？"

　　写下这些结果也能让我们更易于发现自己的长处。我要说的是，我们大多数人低估了自己的长处。我们把自己擅长的事情想当然，认为我们自己擅长的事情来得很容易。我们认为，除非是艰苦奋斗得来的，否则就没有什么价值。这是一派胡言。我们也不知道我们哪里需要提高，我们有哪些缺点，我们哪些不擅长，或者上天没有赋予我们什么样的才华。是的，只有在极个别的情况下我们会知道这些。就像是我不需要别人的反馈也知道，我不可能成为画家，2岁的时候第一次把蜡笔拿在手里我就知道了。但这只是极端的情况，那介于这两个极端的中间地带呢？你不见得真正知道"我不适合做这个"。于是我们面临前所未有的挑战，在未来30年，大多数受过教育的人必须学习找到自己的定位。

人类历史上第一次，我们必须承担管理自己的责任。就像我之前所说的那样，这样的一个变化程度超过任何的科技变化，超过任何的人类处境的变化。没有人教这种事情，没有一所学校、一所大学能教这些，也许还要再等上100年，才有人教这样的课程。然而，在这之前，追求成功者会想要做出贡献，想要过充实的人生，想要为自己的存在找到意义。那么，他们就需要学习一些东西，几年以前只有少数的高成就者才知道这些。他们必须学习管理自己，基于他们的长处和价值来管理自己。

史上第一次，世界充满了选择。当我听到我的孙辈们谈论他们所拥有的选择时，感觉相当骇人。选择太多了。当我在我的家乡出生时，没有任何选择。现在，不到一个世纪之后，人们却必须做出决定：我该如何选择，理由是什么？我适合做什么事情？我适合朝哪个方向发展？

这对社会福利部门来说有一个重要的含意，也就是要了解自己适合什么，最好的方法莫过于在非营利机构从事志愿者工作。我在企业界的朋友们经常给我看他们员工的庞大培训成长计划，我对此非常不乐观。因为我所看到的组织，尤其是大企业这种组织，员工真正的成长来自在非营利机构从事志愿者工作。在那里，你有责任，你可以看到结果，很快你就会发现自己的价值所在。

　　我们一直都在谈论企业的社会责任，我希望我们很快能谈到这些非营利组织对大企业所负有的社会责任。企业员工去教堂或女童子军从事志愿者工作是成长的绝好机会，这些地方是组织里的知识工作者能够真正发现自我，并且真正学习自我管理的场所。

# 教与学

来自 1999 年在安达信会计师事务所主办的"未来学校"论坛上的演讲

众所周知，关于学校教育的讨论铺天盖地。我计算过，全国各地有 40 种不同的方法——而且不仅是整个美国，而是整个发达国家——目的在于恢复旧式学校。我完全赞同这个主张。我认为旧式学校有一个巨大的无与伦比的优势，学生在旧式学校学到了基本技能。但也许同样重要的是，他们也获得了自信心。相比较之下，在今日的学校里，或者说在今日非常多的学校，学生失去了自信心，这成为学习最大的障碍。

未来的学校不会只是旧式学校的翻版，那一定是非常不一样的学校，我们知道为什么，也知道该怎么做。

根本的原因不在于科技，也不在于教育理论，根本的原因在于人口结构的改变。我出生的时候，没有一个国家不是 3/4 的劳动人口从事体力劳动，他们当农夫、仆人、店员或者是在小作坊、工厂当工人。今天的美国，只有20%的人还是从事体力劳动，而且这个比例仍然在下降中。另外4/5，也就是八成的劳动力，不再从事体力劳动，而其中半数是靠运用知识来赚取工资的。

他们不仅需要截然不同的就业准备，更为重要的是，他们需要学习一些旧式学校根本没有注意到的东西——他们需要学习如何学习。知识本身会很快过时。

本周六我将会讲授一整天的高级管理课程，班上有大约一半的学生是工程师。几周以前，当这个课程刚开始的时候，我问过他们："你们必须每隔多久回到学校进修？"他们回答："至少每隔两年，才能赶得上变化。另外每隔三四年我们都要回去重修基本课程，否则就会落伍。"这些学生大多并不是那些高科技行业人士，他们主要在传统产业中，比如汽车业、航空业以及机械工程行业。然而知识变化得如此之快，同样的情形也适用于医生或者其他知识工作者。我目前与本地大医院密切合作培训护士，他们必须每年至少回学校一次，进修几个星期，每隔三四年则要学习三个月，否则就意味着无可救药的落后。这种情况在人类历史上是全新的，这意味着在学校最重要的学习是学会如何学习，形成持续学习的习惯。

此外，知识必须是专门化的才是有效的。几个星期以前，我可能需要更换膝部关节，那是滑雪造成的旧伤。我要找的是专门更换膝关节的专家，在所有的领域都是如此。

同时，另一方面，即使是在一个组织里做到稍微高一些的职位，你也越来越需要将自己的专长与集体的专长相配合。为我更换关节的整形外科医生告诉我，他目前在上物理治疗的课。他并没有成为物理治疗师的打算，但是在过去几年这门学科的变化太大，以至于他必须拥有足够多的相关知识，才能够告诉病人他们应该怎么做。这同样需要持续的学习能力。

另外一件事：在过去 50 年，工作时长已经延长了很多，甚至超过了最成功企业的平均寿命。极少有企业能够成功 25 年或 30 年以上，可是大多数受过教育的年轻人，在 20 岁出头进入职场，会一直工作到 70 岁。因此，他们最好为第二次事业做好准备，不论是进入另外一家公司，做与以前一样的事情，还是转到新的行业。他们必须准备好再次学习，准备好重新定位自己。他们必须准备好想要学习，把学习看成一种乐趣而不是他们需要做的事情。他们将学习如何学习，他们必须养成学习的习惯。

我们也知道这些改变所隐含的意义，我们知道这意味着在教育的最开始就需要有完全不同的重心。我们目前的学校形式，始于 250 年前 1756 年的佛罗伦萨，这种学校的形式是非常符合当时那个时代需要的，学校教学的重点不仅仅在于基本的技能，也在于使每个学生都具备起码的能力，因此重点是在学生的弱项上。

今天的情况也是一样的。不久以前，我去看我的女儿和上四年级的外孙女。我跟着女儿去参加家长会，老师走过来和我们说："啊，你是玛丽·艾伦的妈妈，她在除法方面需要加强。"她并没有说我的外孙女玛丽是一个优秀的"作家"，热爱写故事，她没有说"她应该写更多的故事"。可以理解，她重点强调了玛丽需要加强什么才能达到起码的学业要求的标准。如果我们只是强调让学生去学，而没有重视学习的意愿，那么这样做将会适得其反。我们都知道，最具有激励作用的就是成就感，再无其他。因此，我们必须聚焦于让儿童及成人学习他们所擅长的。

我的高级管理班的学生表现好到令人难以置信，他们的年纪介于45～48岁，他们都有着好的前途和发展潜力，否则他们的公司不会送他们来这里进修一两年。当我问"你们擅长什么"的时候，他们通常回答不出来。然后我又说，"我要各位在你们的第一篇报告里，写出你们擅长什么"。大家绝对想不到，我得到的答案是爆炸性的，因为他们都想要追求卓越，他们在所有的事情上都追求卓越，就连他们本身非常不擅长的地方也不例外。他们被成就感所驱动。这并不是什么新鲜事情，自皮斯塔洛奇（18世纪瑞士儿童教育专家）以来，每一位伟大的教育家都明白这个道理。

可是，我们无法在传统学校的一般课堂上达到这个目的，课堂上有30个孩子，每个孩子都必须达到最低水平，掌握最低技能。因此，我们必须集中注意力："你家玛丽·艾伦需要加强练习除法，她不太擅长除法。"老师不能说："她应该更多地写作。"老师不会注意到玛丽·艾伦的作文，因为那个不需要操心。玛丽·艾伦作文写得很好，为什么还需要关注。但是我们都知道，如果你想培养孩子的学习习惯，就要给孩子成就感，这意味着应该发展孩子的长处。短处是普遍现象，但长处却是因人而异的，针对这个问题，传统学校是没有办法解决的。

同样，我们从实际经验中知道，为了把学习变成习惯，你必须自我管理。这恐怕是电脑真正会有帮助的一个领域，你看看那些5岁大的孩子如何使用电脑，他们的电脑能力着实厉害，远超过我。是的，领先于我85年。如果你观察他们就会发现，孩子们不论是玩电子游戏还是学习，所专注的都是自己擅长的部分。他们自我管理。他们会回去复习他们不太好的科目，但是他们的主要心力放在自己的强项上，因为那可以激励他们。电脑赋予了他们能力，但是在传统教室里，他们无法使用电脑。

因此，我们已经知道，未来学校应该是什么模样，未来学校的重点将会放在学习上。老师的作用是鼓励学习、帮助学习、协助学习和示范学习，这种方式需要非常多的教导，但是出发点是学而不是教，我们对这方面已经了解了不少。

首先，我们知道学习是非常个性化的。有些孩子从来没有爬过，直接就从坐发育到走路；还有一些孩子，只会爬，到 3 岁才会走路。学习是非常个性化的，学习建立在我们所擅长的基础之上。于是我们知道这将是未来学校的重点：如何使孩子能够专注于他们的长处、他们的优势。

我们也知道，最好的学习方法，尤其是对年轻人来说，就是教中学。我意识到这一点是我在高二那年，我最好的朋友比我低一年级，他天资聪颖，可是对于奥地利学校的传统主科拉丁文、希腊文和数学，他学起来比较困难。他的音乐天赋极高，后来在音乐界成为颇有名望的交响乐团的指挥。但是在拉丁文、希腊文和数学这样的主要科目上，他学得很慢。开始，我并没有刻意地去教他。我是一个很不用功的学生，并不是由于课程难，而是因为我比较懒散。然而，等我教了恩尼斯特 6 个星期的拉丁文（这一科我并不是特别喜欢）、希腊文（我很喜欢）和数学（我很擅长）之后，我突然变成了全班第一名。突然，我开始喜欢所有这些科目，乐趣可以恰当地来形容我的心情。我之所以能够学通，是因为我必须去解释它们。

我突然间领悟到了，最好的学习方法是去教。没错，100 年前，只有一间教室的学校是一个非常好的学习环境。老师要教 70 个 6 ～ 16 岁的孩子，因此必须让较大的孩子去教导和教授那些年幼的孩子，而大孩子也因此学到很多。我们知道这也是未来学校的重点之一：如何让学得比较快的孩子去当小老师，使他们不只是在学习，也能够在学习中发现真谛和乐趣。

最后一点，我们知道我们可以做这样一些事情，科技便是要在这里发挥作用。科技使得个别学生可以根据自己的进度、节奏和注意力集中时间来安排自己的学习。节奏是尤其重要的，因为如果违反节奏就会产生疲劳。所以，现代科技可以特别促成孩子用最适合的方式去学习，使他们能够取得好成绩。

此外，科技还可以极大地扩展教师对学生的关注时间，也就是老师花在每个学生身上的时间。这是因为对学生进行监护照看需要花费大量的时间，即使是高中也不例外，这项工作现在可以让科技来接手。凭借科技，学生大多数时间是自我管理。是的，你必须监督他们，可是如果让年龄大的孩子当小老师，就像多年前我监督那个拉丁学校的学弟学习数学一样，那么一大部分的监督工作就交给他们了。

我们知道未来学校不会便宜，也不应该便宜，好的学校向来不廉价，毕竟教育是现代经济真正的资本投资。不过，未来学校很可能比传统学校便宜，因为科技已经不再那么昂贵，而且每天都变得更便宜。

不过，主要的、核心的、深远的转变是，未来学校会以学习为中心。学习向来是学校的最终产物，但是传统的学校重心在教上。我们没有"学习学院"，我们只有"教育学院"。实际上我们谈论的不是好的学习者，我们谈论的是好的老师。我们需要教育学院，我们也需要好的老师，但是我们应该发展出过去并没有过多重视过的：好的学习者。传统上，对大多数的学生而言，我们的目标是让他们掌握最起码的技能，这是非常低的技能，这些技能使他们不至于处于劣势。

在知识社会里，我们必须靠教育帮助每个人找到自己擅长的领域，靠教育设定标准，而不只是符合标准。这意味着我们需要不一样的学校，并不是说班级容量不一样。新技术使得更大规模的班级效果会更佳，没有明确的证据显示小班制的学习效果会更好，除非是非常非常小的班级。但是，一旦有了15个学生，有更多的学生也就没有什么差别了。为了维持班级中足够的热情，可能需要更大的班级。小班会非常沉闷，缺乏丰富性和多样性，没有多样性也就没有足够的相互激励。我觉得目前强调小班是一种误解。

未来的学校将会和旧式学校完全不同，不仅仅是因为我们期待大部分学生会在某一个领域有所成就，也不仅仅是说是否培养一般意义上的庸才，真正的不同在于我们从教转向了学。

# 7

# 全球化与公司的未来

THE DRUCKER LECTURES

德鲁克在 2002 年被授予"总统自由勋章",这是美国公民所能获得的最高荣誉。在白宫的颁奖典礼上,德鲁克被誉为"全世界管理理论首屈一指的先驱",他对管理的诸多领域有着巨大的影响:营销、创新、领导力、分权管理、员工关系等,他的贡献和影响力有目共睹、毋庸置疑。但是,从某种意义上来说,这样的赞誉对他来说显得太过狭隘。德鲁克把自己形容为一个"社会生态学家",用他自己的话来说,"就是像自然生态学者研究生物环境那样,关心人类人为环境的学者"。有鉴于此,我们最好把德鲁克视为亚历西斯·德·托克维尔(Alexis de Tocqueville)这种类型的学者,而不是泰勒那种类型的学者。

在德鲁克一生的事业接近尾声时,有人请他总结他自己最为重要的贡献。他丝毫没有虚伪的谦虚,回答道:"我早在 60 年前,就意识到管理已经成为一个社会组织的基本器官,并发挥着其功能;管理不再只是企业管理,而是所有现代社会机构的治理器官;我把管理学作为独立的学科,把这个学科的重点放在人与权力上,放在价值观、结构与方式上,尤其是,我把重点放在责任上,也就是把管理学当作真正的人文科学。"德鲁克在 95 岁高龄时去世,在他去世的前半年,他非常谦虚地评价了自己的人文科学遗产。他这样对记者说:"我想说的是,我曾经帮过一些好人更加有效地去做事情。"然后他又加上一句:"我是一个非常无趣的人、一个作家,作家拥有的生活是无趣的。"这句话足以证明,就连德鲁克这样的大师有时候也会弄错。

# 论全球化

来自 2001 年在克莱蒙特研究大学的演讲

　　一开始我想说一件事情，大概 6 个星期前，有一个以前的学生来看望我。40 年前他是一个来自中国台湾的年轻人，这些年来，他在中国台湾建立了非常成功的事业。过去 7 年，他一直在上海，现在是一家大型合资企业的领导人。然后我问他："发生了什么事情？过去的 3～5 年，在中国发生了哪些重要的事情？"他想了大约 5 秒钟的时间，然后说："我们现在认为汽车是生活必需品，而不再是奢侈品。"这就是全球化的意义。

　　全球化不仅是一个经济事件，还是一个心理现象。请注意，我这位朋友并没有说，现在上海人人有车，还差得远呢。他也没有说，上海人现在每个人都预期将来自己会有汽车。他们现在正处于从自行车向非常危险的摩托车更换的阶段。他说，汽车被视为生活必需品，这是全球化的真正的意义；期待和价值观发生了根本性的变化。

　　这其中有什么样的意义和内涵呢？我要说明的是，世界上仍然有些地方，全球化尚未发生。非洲，当然还没有。前几年我们去巴拉圭，那里当然不是世事的中心，尤其是深入内陆的话。但是很明显，在这个极度贫困的国家，教育机会几乎是零，然而价值观却显然已经是发达国家的价值观。或许在中国的内陆地区，在偏远的农村，全球化还未真正穿透进去，但是我想可能已经快了。不过除此之外，表现出的是世界性普遍的现象。

第一层含义是，竞争和之前所指的情况不一样。正是这个原因，使我相信保护主义不可避免，那不是传统形式的保护主义，而是一种新的、非传统形式的保护主义。但是，这种保护主义也起不了什么作用。

让我给大家举个简单的例子。各位或许还记得，几个月以前，美国钢铁行业针对用在汽车车体上的热轧钢倾销提起申诉，然后布什总统下令停止进口这种钢材。但是，美国的汽车公司，包括日本汽车公司，并没有支付钢铁公司所要求的价格。经过谈判，如果布什政府未终止倾销禁令，它们不得不支付所要求的价格。丰田汽车公司明确向各大钢铁公司表示："如果你们不以全球市场的价格（比美国国内价格低40%）向我们供应这种材料，那我们只能把更多的车体生产挪到日本或者墨西哥。我们可以在6个月内，把美国国内车体生产减少80%。"现在他们正在就下一个年度生产进行谈判。福特公司也采取了同样的做法，这将成为常态。全球化并不表示会有全球性的产品或服务贸易，它代表的是信息在全世界范围内的流通，这是决定性的因素。

也有人会说，我们所有的工作都出口到海外了，这根本就是一派胡言。这些都是工会的宣传口号，主要是制衣工会工人的宣传口号。其实外国投资在美国所创造的就业机会，是我们出口制造业就业机会的

4.5 倍。

是的，美国三家本土汽车公司都在萎缩中。不过这种制造业就业机会的减少，几乎和生产搬到海外无关，而是与我们正处于一次重大的制造业技术革命有关。这次革命影响之深，不亚于 20 世纪 20 年代初向大规模生产转移所产生的影响。我在 1969 年第一次谈到这次革命，称之为"柔性大规模生产"，现在称之为"精益生产"。

大规模生产的规则非常简单。负责生产的人对工程师说："你把产品设计拿给我们，我们会想办法来生产。"所以，你现在设计，然后就可以被生产出来。我要声明一点，我的老朋友、质量顾问先驱爱德华·戴明的主张现在已经完全过时。质量控制过去发生在工厂车间里，新的质量控制发生在设计阶段。这是对大规模生产方法的根本性变革，在大规模生产中，工程师和制造工人几乎不怎么说话，而且对对方都充满了蔑视。工程师把生产部门的人视为"工具的制造者"，而生产部门的人则视工程师为"傲慢自负的家伙"。今天，产品设计里已经加入了某些制造规格和品质规格，这便是工作岗位缩减最多的背后的原因。

或许最让人惊讶的是，如此剧烈的变革居然没有在美国社会上造成混乱，我想不通这个道理，请你解释给我听。我们没有遇到转型时期的社会问题。

那么未来最大的挑战来自哪里呢？我是一位年长的顾问，我的回答带有强烈的个人经历的色彩。我发现我的客户，不管是营利组织还是非营利的组织，最大的困难来自改变他们的思维模式。不是技术，不是经济形势，而是改变他们的思维模式。

我个人认为最为困难的时期，是第二次世界大战刚结束的时候。几乎所有机构的经营者都认为战后经济会马上陷入衰退。那个时候要改变这种思维模式和看法是非常困难的，在经济大萧条年代的目标只是要生存下去。

我不仅仅指的是企业。我在 1950 年进入一所著名的商学院（纽约大学）工作，当时最大的难题是，我们的院长在经济大萧条时期要保住整个学院，那很不容易。难以置信的是，我们的学生人数居然在增加，他简直不能相信。很显然我们需要新大楼，但是他却拒绝说："好吧，这种情况不会持续，不可能会增加。"这种想法是非常具有代表性的。毕竟，自从 17 世纪以来，每次大战的结束都伴随着一次大规模的经济衰退。

因此，第二次世界大战后的情况是前所未有的，到今天也没人能够解释清楚。少数愿意接受这些事实的人，如创建西尔斯百货的罗伯特·E.伍德，根本不用太努力就成功了。但是大多数高级管理人员，不只是企业界，也包括教育界，因为无法接受事实，后来惨遭失败，他们改变不了自己的思维模式。

20 世纪 20 年代，保护主义和孤立主义的兴起，大力提倡自给自足，紧接着发生了大萧条。到了 1950 年，我和纽约各家银行有着很多合作，它们不能接受的事实是突然的金融国际化。后来这些银行大多消失了，很大的原因是它们无法接受经济扩张和国际商务。因此，改变思维模式是一项极大的挑战。

有一件事情也让我非常困扰，就是美国企业界有那么多的朋友成为电脑的俘虏，而欧洲企业界的情况更糟。电脑确实非常吸引人，但我要说的是，对它着迷的大概是心智年龄只有 5 岁的人，那大概是电脑玩得最好的年纪。

　　电脑提供给大多数人的只是内部数据，十分详尽的会计数据。但是，我们无法把外部数据放入电脑中，因为外部数据不是电脑能够处理的数据形态。要放进电脑的东西必须经过量化，但是很少有外部数据是这种形式的，所以搞电脑的人就会贬低这样的信息为道听途说。我的这位中国朋友告诉我上海和北京居民认为汽车是必需品，请问如何把他所说的这些量化？你无法把这样的信息量化，但是这样的信息比任何其他统计数据更能揭示中国现在的情况。它告诉你，中国已经是一个完全不同的国家，不再是一个未开发的国家。这是最为根本的不同，你虽然没有办法量化它，但是只要在这两个城市待上 10 分钟就能够感受到这种差别。如果你只是看电脑数据的话，你永远也不会找到。

# 管理非营利组织

来自 2001 年在克莱蒙特研究大学的演讲

社会部门或独立部门，不论你怎样称呼它，这个部门的出现都是非常近期的现象。它与传统的慈善组织是截然不同的。传统慈善组织的目的主要是减轻痛苦，同时对于施予者的灵魂来说也是有好处的。没有人会有丝毫的幻想，认为这会对接受者产生持久的改变。

135 年前，主张慈善事业应该有效果，应该产生影响，并且应该改变一个人或者改变社群的观念出现。我必须强调，旧时的需要仍然存在，只要看一看救世军的施粥站，就会发现仍然有很多人需要这些施舍充饥。是的，救世军同样忙碌于安置街头流浪汉、瘾君子或是有前科的人。施粥站就在那里，因为有人有这样的需要，他们饥饿，施粥站的存在就是要解决眼下的问题，减轻今晚的痛苦。这就是它所做的，而这种需求也不会消失。

40 年前，我们曾经陷入这样一种错觉，认为我们可以消除这种需要。1964 年的"向贫困宣战"，承诺在 10 年间，贫困将被彻底根除。实际上，并没有这么简单。任何人都可以预见到的是，济贫的需要将永远存在，只不过现在这个不再是重心罢了，当前的重心是，我们的慈善机构正在试图得到一些成果。

我们会提到的第三个社会部门，这是非常近期的现象。

20 世纪 50 年代最为杰出的经济学作家约翰·肯尼思·加尔布雷斯（John Kenneth Galbraith），在 1958 年出版了《富裕社会》（*The Affluent Society*）一书。他在书中只承认两个部门：政府和企业。对于加尔布雷尔这个哈佛大学教授来说，第三个部门不存在，可是哈佛大学既不是政府部门也不是企业部门。然而，哈佛大学是一个相当大规模的组织，这对他来说不存在。我可以告诉大家，在他那本书出版后不久，我俩碰过面，他是我的老朋友，我们从第二次世界大战时期就认识了，我开玩笑地对他说："美国实际上有三个大组织，其中最有势力的就是哈佛大学。"他说，他从来没有想过，也没有人指出来过。而那是不到 50 年前的事。

如今，我们所谓的非营利部门没有清晰的盈亏底线。所以，今天第一个对于非营利组织的问题就是："我们如何定义成果？我们的目的又是什么？"拥有巨额财富的比尔·盖茨，对于该怎么用那些钱没有丝毫概念，所以他做慈善的目标就是，经过简单的计算，尽快把那些钱送出去。他宁愿把这些钱浪费了，也不愿意让山姆大叔得到，这是完全合乎理性的。如果他不送出去，山姆大叔就会拿去。他是一个理性的人，或许觉得这样随机送出去产生效果的概率大过交给山姆大叔。山姆大叔以往的表现并不怎么能令人恭维。

今天，你希望非营利性的努力能有成果。我认为第一个现代意义上的医疗保健基金是美国心脏协会（American Heart Association），当然我说的不一定准确。不过，美国心脏协会是在第二次世界大战后才受到重视的，它的成效非常卓著，原因在于专注。心脏协会对于是否把工作扩展到整个心血管系统这个问题，有过非常激烈的内部争辩。有人主张："你们最好连动脉静脉也关注，把整个心血管系统都纳入。"当时的争辩十分激烈，因为这样会分散他们的精力。美国肺协会只专注于肺部，心理健康协会除心理健康之外，也不会触及其他领域。心脏协会也不会想要去过问关于肾脏的事情，可能他们大多数都不知道肾脏在什么地方，也根本不在乎。这样做的结果是带来了极大的成功，他们专注，因为这样做才能得到成果。

当然，一定要先有需要，否则就没有意义。你看到的唯一结果或许是减轻目前的痛苦。假设街头有个贫穷的妇女带着两个孩子。施粥站给她和她的两个孩子一顿饱餐，给她们一个遮风避雨的地方过夜，仅此而已。第二天，她再次流落街头，不论是什么原因，可能是由于她有毒瘾，或许是运气差，或许是精神方面有疾病。不过，至少今晚这个可怜的女人和她的孩子们有饭吃，不用饿着肚子上床睡觉。这是解除一时的痛苦，不是改变生活，或许这么做便已经足够，但是我们越来越转向希望看到长期的成果。

在 1960 年左右，美国心脏协会重新确定了目标。它订下了未来 10年、20 年、30 年、40 年预计要达成的目标，然后一一完成超越。这些都是十分具体、可衡量、定量的结果。有批评者认为，这样做不符合给予的精神，但是我们应该要有所平衡。从根本上来说，不论你喜欢或者不喜欢，我们已经把重心改变到了定义结果和达成结果上面。

　　以童子军和女童子军这两个大型组织来说。这两个组织在一个基本面上有着巨大差异，这种差异并不是说一个是男孩参加的，而另外一个是女孩参加的。童子军的主要成员是孩子，是男孩。对于女童子军来说，志愿者妈妈才是主要的成员，差别非常大。然而，这样使得女童子军不仅可以适应美国人口结构的变化，而且也能从中受益。25 年以前，童子军和女童子军的成员都是白人、中产阶级、郊区居民。后来，有大量的移民，西班牙裔、亚裔以及黑人涌入郊区。童子军没有能够应对这些，他们遭遇了严重的困境。而女童子军经过 5 年的内斗，然后基本上认定："女孩就是女孩，就是女孩。"

　　到现在，大多数童子军的分会都是各种族裔分开的，而女童子军却认为，只要是女孩儿仅是女孩。这样做的一个主要结果就是（而且这样的结果是非常刻意的），女童子军队伍有意为拉美裔母亲、越南裔母亲、黑人母亲提供了成为社区成员的一个途径，它们把这一点视为首要的成果。

　　童子军的成员人数一直在走下坡路，尤其是志愿者方面。女童子军的成员数比童子军多 50%，而且志愿者的数量几乎翻番，原因在于女童子军定义了结果，而这个结果就是家庭的融入。当然，你如果去看女童子军的成立宗旨，甚至没有提到志愿者母亲，都是关于女孩的。可是再去看实际的政策，基本的政策却是放在当地分会的志愿者组织上，放在社区的创造上。

　　"做善事"不是一个结果，"做善事"意味着把钱捐出来。能够产生差别的是结果，但是这并不那么容易，同时风险也很大，从童子军和女童子军的例子中就可以看出。你必须做出决策，而且那些决策不可以是错误的或者是不能产生结果的决策。

现在，我们需要意识到不同的人对应该是什么样的结果有不同的想法。我想指出的是，在非营利组织内挑起内战最快的方法，莫过于问："我们的使命是什么？"这也是为什么那么多的非营利组织并不愿意问这样的问题，这也便是为什么必须问这个问题。没有比害怕异见更危险的事情了。除非有反对意见，否则做不出有效的决定，原因很简单，有效的决定也是风险高的决定。除非出现有效的反对，否则你就不理解你到底在决定什么，真正的风险在哪里。

以波莫纳教会组织（Pomona Council of Churches）为例，在场有人和它有关系吗？我有，不过是通过我妻子，所以我同它的关联是一个相当松散的联系。现在，在这个地区有60家或100家教会，所以，神职人员聚在一起讨论共同的问题不是什么坏事。或许事先，在对外公开之前，把主要的不同意见整合一番也好，以免当众出丑。这是个好主意，这样合理的下一步就是："既然大家都相处地那么好，不如成立一个永久的组织，然后一起做一些事情。"这样很好，我猜想这就是这个组织当初是如何成立的，不过他们当时不知道，现在也不知道要做些什么。各位都知道那句老话："即使把所有经济学家都聚在一起，你依然得不到一个一致的结论。"我想神职人员也大抵如此，大多数人类都是这样。因此，你必须承认我们是没有目标的。没有一项法律规定波莫纳教会组织必须存在，它不是上帝创造的，它是人类的发明，这些组织并不是都有什么意义。

我举个不去做什么的例子。最成功的非营利努力活动——我指的是没有得到任何的授权，是针对小儿麻痹症的运动，这次努力是史无前例的。大家都知道，富兰克林·罗斯福总统（Franklin Roosevelt）在

1922 年患小儿麻痹症，几乎丧命，他从没有完全康复。他的律师合伙人贝索·欧康纳（Basil O'Connor）成立了一个基金会对抗此病，这个基金会就是美国小儿麻痹症基金会（the National Foundation for Infantile Paralysis），是美国畸形儿基金会（March of Dimes）的前身。他是一位律师，不懂科学，但是他发明了一种现代研究技术，不是从新的事实开始，而是从一个设定的目标开始，基本上是根据目标再回溯去做研究的。而在过去六七十年，所有成功的运动都是基于这种方式来完成的。美国航空航天总署（NASA）就是效仿小儿麻痹症基金会，先决定我们最终要得到一个什么产物，然后开始倒推，搞清楚"首先我们应该知道的是什么"等。小儿麻痹症基金会创立于 20 世纪 30 年代，数十年之后，小儿麻痹疫苗被培育出来了。在这个时候，美国畸形儿基金会就应该解散。他们应该说："我们已经达到了既定的目标，感谢好心人的大力支持，让我们畅饮香槟，好好庆祝一番，然后解散基金会。"

但是他们意识到他们建立了一个极妙的筹款机器。没有一个组织能像美国畸形儿基金会一样筹集到这么多钱。于是他们说："我们不能让这些钱白白浪费，不如让我们发明一些用途吧。"然后他们花了 50 年时间发明一些用途。幸而，他们筹集到的资金并不多，人们也不都是那么愚蠢。但是他们浪费太严重，他们什么成就也没有取得，一件也没有，只有 20 多个待遇超高的职位。

成果也不是永久的。我举一个例子。在堪萨斯城，有一个路德会机构在救助流浪者方面相当成功。他们重新安置了 40% 的流浪者，而其他组织的最高比率只有 10%。他们观察这些流浪者，对那些不会被成功安置的人就果断放弃。他们说："我们寻找的是我们能真正帮助的流浪者。"

　　这些路德会的人会把那些年久失修的房子买下，然后他们的志愿者把这些房子重新改造为标准的住宅：油漆粉刷、窗明几净、光亮温馨。然后，他们会为这些流浪者找工作。每个志愿者都会被指派到一个家庭，负责照顾这个家庭，直到完全安置妥当。他们另外一个成功的关键是，一旦这家人找到工作，并且安定下来，他们就会希望这些人成为志愿者。这一点非常关键。

　　这样的做法对堪萨斯城40%的流浪者有效。两年前，这个机构发现，已经没有安置的流浪者了，他们做得太成功了。然后他们解散了这个项目，现在正在积极寻找另外一个目标，至今已经拒绝过三四个了。当然，需要还是存在的，但是他们看不到有方法能取得成果。他们曾经表示，除非能找到一些可以得到结果的事情，否则他们不会去尝试做。浪费钱还不算是最糟糕的，同时你还浪费了人力资源。

# 公司的未来 I：公司的形成与演变

来自 2003 年在克莱蒙特研究大学的演讲

前几天我接到欧洲一个老朋友打来的电话，他大约 45 年前在纽约当过我的学生。他打电话是想告诉我，他刚刚被任命为欧洲一家大型跨国公司的 CEO。然后他说："彼得，我有一个问题：公司有没有未来？"我说："有，但是公司的未来将会是完全不同的公司。"

比如，我们可以说，公司由所有权控制转向战略控制。或者，我们也可以说，公司从垄断性的公司——在它的经营范围内拥有一切，转到以结盟和关系为基础的联盟。

在座的各位，包括我自己，把公司视为理所当然的存在。我们没有意识到它是最近才发展起来，而且是史无前例的。如果你想了解公司为什么是史无前例的，你可以阅读一些公司出现之前的那些时代的商业小说，英语可以看查尔斯·狄更斯的作品，法语可以参考巴尔扎克的作品。相比之下，我们还没有一部好的关于公司的小说，一部也没有，这一点也不意外，因为公司实在是太新了。

是什么原因促成了公司的形成？它有什么优点呢？直到第二次世界大战，这样的问题才被提出来。正是这个时候，有一位非常聪明的英国人罗纳德·科斯（Ronalad Coase）来到了芝加哥大学，并且获得了诺贝尔经济学奖。他指出，成本有两种：转换成本和交易成本。转换成本是用于生产的投入成本；交易成本包括信息成本、协调成本和维护商业秘密等的成本。他认为交易成本已经达到与转化成本相同的程度。这位睿智的英国人（在他 1937 年的《企业的性质》一文中）指出：把所有的交易成本都纳入企业内部，可以节省大量的费用。

这或许是到 1860 年左右突然出现对商业技能需求的一个主要原因。如果你认为商业技能历史悠久，那就大错特错了。让我给你们讲一个我个人的例子。20 世纪 20 年代初，我还在上中学。我父亲很明智地认为，我将来必须自食其力，然而我当时完全不具备那样的能力。于是，在我白天结束拉丁文学校的学习后，他把我送到一个职业高中的夜校，在那里学习商业技能。

数年后，我在汉堡市最大的欧洲出口公司当实习生。我们是当时第一批高中毕业的实习生。其他人早在 11 岁就参加工作了。办公室经理对我们说："先生们，我说的话希望你们不要介意，如果你们想成为成功的商人，那你们的学历都太高了。"他说得没错。然后他接着说："如果你们想靠经商为生，你们需要三种技能：速记、打字、复式记账。"

我想，今天即使是在最古老的出口公司中，最老派的经理也不会说出这样的话。不过，这正是史无前例的社会组织公司兴起之初。而且我必须说的是，人类历史上从来没有比公司成长更快的组织了。

但是，现在公司正在变化，会怎么变？以往的基本假设是，你将会找到一份工作，然后干上一辈子。大约是在 1955 年，我曾经对通用电气的管理人员做过一项研究，这是很大的一群人。尽管大部分人的第一份工作是在别处而不是在通用电气，但是 89% 的人的第二份工作是在通用电气，然后就一直待在那里直到退休。

在一些传统的公司里，可能情况还是这样的，IBM 就是这样一家公司，但是微软不是。我的一个朋友是微软人力资源高管，他告诉我，对于 90% 的微软员工来说，微软已经是他们的第四份工作。他还说，他们公司员工的流动率是 60%。如果我当年把这个数字告诉通用电气的任何一个人，他们都会晕过去。

另外一个大的变化是，公司已经放弃了一个基本的、想当然的假设，那就是，不管要做什么，我们都要自己来。今天的基本假设是：不是天天做的事情，我们就外包。

要自己来做这件事情，你必须在这件事情上有核心竞争力，因为你一直都在做，所以能够做得很好。因此，经营规则日益成为："我们只做使公司与众不同、独一无二的东西。"至于外包，节约成本多半只是一个会计上的神话。外包的真正原因在于，把这些事情外包给那些只专注于管理信息处理设备或者只做一项特定研究的组织，这是使知识发挥效益的最佳途径。未来的公司会发现，某一种工作做得特别好的组织，是因为它只做这个，不做其他的。

那位从欧洲打电话过来的朋友，曾经花费了多年时间在公司内部发展能力，可是过去 20 年却把它们都外包出去。他说，采访他们公司的记者不明白这是为什么。他们公司的销售额是原来的 3 倍，而员工数量却是之前的 1/4。他们以为是公司的生产率提高了。不是，是外包了。做这些工作的人已经不再是公司员工，有大约 2/3 为他们工作的人不是他们公司的员工。

美国成长最快的产业部门是由职业管理员工的经理人组成的，也就是专门管理其他公司员工的公司。其中最大的一家就是 Exult 公司，就设在加州的尔湾，它管理着英国石油公司（British Petroleum）、优利公司（Unisys）以及其他公司。

这些人都是 Exult 公司的员工，却为英国石油公司全职工作很多年。他们到底是谁的员工？英国石油公司不具备管理他们的条件，欢腾公司基本上只是提供人力。一个非常大的挑战是，我们如何学习管理，甚至于管理可能都不是一个正确的说法，如何去照顾那些为我们年复一年全职工作，可是在法律上又不属于我们的员工。我们要怎么做？目前还没有人知道该怎么做，别问我，我也不知道。

为富士公司工作的 60% 的人不是富士公司的员工。对于这些人，富士公司没有任何人事方面的政策，这引起了无尽的麻烦。

所以，你将会很快看到的是，未来的公司会签订很多合同，由少数人参与，而且会拥有很多技术协议。那是一个网络、一个联盟，所以你必须学习与价值观不同、目标不同而且不受你控制的人合作。建立联盟的秘诀始于询问你的合作伙伴："你们要达成什么样的目标？对你们来说什么是重要的？"你不能说"我们想要你们做什么"，而是要问"我们能为你们做什么"，这将是企业未来的重心。

另一个改变：至少自 1950 年以来，我们在资本的生产率的提高上取得了极大的成功，而现在我们必须着手解决新劳动力的生产率。

　　一个值得关注的领域是男女比例的问题。30年前，像我们这样的会议，几乎不可能有女性出席，但是现在，男女各占一半。男性会不会接受这样的观念：让女性工作，我们来享受人生，这样才是明智之举？我是认真的，现代女性非常热衷于工作。实际上，整个人类历史上，男性和女性一直都在劳动工作，无所事事的家庭妇女坐在家里聊天是19世纪小说虚构的。一定要有农夫和农妇两人才能经营好一个农场，反之亦然，单独一个农妇也撑不起一个农场。世界上最称职的农民就是宾夕法尼亚州的摩拉维亚人（Moravian），他们有一个非常严格的规定，如果丈夫或妻子去世，另外一半必须在6个月内再婚，否则就会失去农场。救世军差不多有类似的规定。没有所谓的救世军队长，只有救世军队长（男性）和他的妻子，她也是救世军队长。男女合作工作并不是什么新鲜事。

　　另外，男女传统上经常从事不同的工作。回溯到我们祖先的时代，那是男性狩猎，而女性采摘可食的野果并照顾小孩。拥有最早的商业记录的第一个文明是苏美尔人（Sumerians）。当时，商人是运输货物的人，都是男人。记账的人也都是男人。但是那些制定价格的人，也可以说是控制者，都是女人。没有记录显示有男性控制者说"6头牛等于94件陶器"或者其他的，这种事情都是女性在做。

　　在美国，男人挤奶；在欧洲，女人挤奶。我们不知道为什么。此外，直到1700年左右，没有女性织布工人。纺纱是女性，织布是男性。在日本，直到第二次世界大战，只有男性的制陶工。所以，历史上，男人和女人做着不同的工作，到现在的非知识工作，情况依然如此。

　　但是，知识工作就不一样了。最早出现的现代形式的知识工作是护理。护理始于1854年克里米亚战争（Crimean War），当时的护士都是女性。而现在，护理学校的一半学生是男性。女医生最早出现在美国，然后是英国，然后是 1860 ～ 1890 年的奥地利。居里夫人的姐姐，是巴黎毕业的第一位女医生。

因此，在知识工作的领域中，男性和女性做相同的工作。这是新的、史无前例的，是一项最近的发明。然而，这样做也有问题。在欧洲男女同工仍然十分困难，在日本，这几乎不可能。我们可能是唯一的这类问题不严重的国家，美国能比较容易地适应这种新情况。

# 公司的未来 II：如何定义成果

来自 2003 年在克莱蒙特研究大学的演讲

我们今天的主题是，什么是成果？这听起来好像是一个非常简单的问题，但是我已经在这个问题上研究了很长一段时间，而问题却越来越糟，越来越复杂。所以，我希望大家能在我语焉不详的时候原谅我，因为有些地方我也还没能够研究清楚。

我们已经进入了一个组织的社会。所有组织的共同点——这或许多多少少是第一次有共同点，就是组织的成果在组织外面。如果你走进一家医院，你不会在意护士是否令人满意。你在意的成果是被治愈的病人，而不是护士是不是令人满意。一个被治愈的病人凭借自己的力气走出医院，而且不再会回来，这是成果。在我们这个组织化的社会，所有的组织都是如此。

但是当你去看我们现在有关管理学的著作和思想时，包括我写的那些，我们仅仅看的是公司的内部。不管你看的是我早期的书《管理的实践》（1954 年）还是哈佛商学院教授迈克尔·波特（Michael Porter）那些关于战略的著作，本质上都是一样的。那些书都是从外部观察组织，实际讨论的却是组织内部的事情。因此，如果你想要了解管理是怎么回事、管理要做什么，你必须从外部的成果着手。在很多情况下，定义成果是不容易的。我一直在和几家优秀的中西部学院合作，但是要怎样界定它们的成果呢？是有多少人进入哈佛法学院吗？那可能是一个减分项。或者请你告诉我，对一家医院、一个女童子军组织或一个教堂，底线成果是什么？你就会惊讶于定义成果是一件多么困难的事情。

我们知道一个企业的底线成果是净收入。但是市场地位呢？这不容易定义，而且瞬息万变。从股东的角度来看，他们唯一有兴趣的是金融成果，不论是股息分红还是股票价格。从企业的角度来看，问题是，我们如何用最低的成本得到资金，以及如何最有效率地使用它。可是每当你提出这个问题，各公司的管理都会不同，这一点令人吃惊。

我举一个最近的例子。有两家十分类似的连锁百货公司，它们各自在不同的时候来找我，向我咨询：公司对它们的销售人员该如何要求。其中一家以销售额的大小来定义成果，卖出一单的金额是 6.15 美元还是 615 美元。而另外一家公司则以吸引和留住多少顾客作为要求。

它们评判销售人员的标准是，史密斯太太进来是否是要找贝蒂的。贝蒂是不是建立了自己的基本客户群？我想指出的是，就公司的最终收入而言，这两种方法是没什么区别的，你不能说哪一种比另外一种更好。但是这些是完全不同的要求，会导致公司雇用完全不同的销售人员，培训出不同的销售人员，也付出不一样的薪酬。同时，那些在 A 连锁店表现得好的销售员，在 B 连锁店却不大可能做好，反之亦然。所以，成果并不是那么明显。

今天各商学院最大的缺点之一，就是相信成果是明显的。另外一个缺点是，迄今为止，我们都是由内而外看管理，我们还没有开始由外而内地去看待管理。我有一个预感，这将是未来三四十年间我们的工作。

早期的组织都有一个主要目标，就是要防止改变或者至少是延迟改变。然而，商业组织存在的目的就是要创造改变，然后利用改变。所有早期组织的目标都是要发展成垄断，但是现代组织——我指的并不仅仅是商业上的，存在于一个竞争性的世界中。所以，你必须问：这一切对成果来说意味着什么？

过去是，如果你成立一家造纸公司，你就得有一间纸张实验室，所有的实验工作都是为了生产纸张而做，并且造纸业所需要的一切也来自这间实验室。19 世纪的那些大型实验室，就是根据这种理论建立的。它们把重心放在一个产业上。一般的假设也是，某个产业必然依附着特定的相关技术，某种技术也必然属于某个特定的相关产业。

今天在座的大多数人依然坚信这一点。可是如果你能看到现在的竞争来自何方，就知道情况绝非如此。

今天，如果我经营一家公司，我需要一笔 6 个月的贷款，我会去银行借吗？很可能不会。我会去高盛集团（Goldman Sachs）卖出手里的商业票据。然而商业票据并不是由商业银行发明的，早在 200 年前，商业票据就被发明了。在美国，它未曾引起关注，直到 1948 年或 1949 年，不是摩根士丹利就是高盛银行，某个聪明的家伙注意到了商业票据上面印刷的小字，然后它们开始经营商业票据业务。我们再来看看 19 世纪最后一个主要的原材料产业——铝业，你就会注意到，迅速改变它的技术不是来自铝业本身，而是来自塑料产业。现在技术不只局限于一个特定的产业，技术是跨界交织在一起的。

所以，你们所处的世界是竞争性的，竞争不仅仅来自制造相同商品或者提供相同服务的同行。你不知道竞争从何而来，你必须决定从不断变化和创新的角度来定义成果。

这个道理对于社区组织来说也是如此，实际上，社区组织变化得比商业企业还要快。各位当中有多少人熟悉加州奥兰治里克·沃伦（Rick Warren）牧师的马鞍峰（Saddleback）教会？里克牧师现在50多岁了，他从零开始，采取完全不同于传统教会的做法，建立起超大型教会。他认为教会是一个变革的中介、领导者和竞争者。

你也必须界定竞争的意义，竞争不是教科书告诉你们的那样。你必须在短期内做出成果，但同时你也必须做出长期的成果，而长期成果并不是短期成果的简单叠加。需要经常不断问到的问题是："如果我们看到一个短期的机会做某件事情，这件事情对我们达到长期的目标是阻碍还是帮助？反之亦然。"有一句关于治病的古老的谚语：一位生病的老妇人第二天要接受救命手术，但是今天晚上就过世了，这没有意义。同样，这位夫人头天晚上活了下来，却在第二天的手术中去世也同样没有意义。因此，短期和长期成果，这两者必须相容，但是它们却是非常不同的。因此，这是未来我们需要面对的挑战，什么是成果，我们怎么去定义它们，我们又该怎样去平衡它们？

我在《管理的实践》一书中首先提出了"平衡计分卡"（balanced scorecard）的概念。实际上，哈佛商学院现在提出的平衡计分卡几乎和我建议的一模一样，尽管哈佛商学院的这些人可能没听说过我的提议。

平衡计分卡的重要性不在于个别项目，而在于它使管理者从不同的角度去看待他们所管理的机构。

当前的流行趋势是只看每一个季度的盈利。但是回到 20 世纪 50 年代，当时通用电气请来了拉尔夫·科迪纳（Ralph Cordiner）担任 CEO。他重整了通用电气，也努力思考如何去定义其成果。科迪纳基本上是以股东不在乎的假设作为出发点来经营公司的。根据加德纳·米恩斯（Gardiner Means）1932 年出版的著名的《现代公司与私有产权》一书的观点，这是一种切合实际的假设。这本书指出，企业的股权已经完全分散，没有一个股东真的会去指责公司，如果他感到不满，他卖掉手里的100 股股票就是了。

直到最近，在 10 年前的退休基金兴起之前，这都是一种普遍的看法，也合乎现实。现在，如果你是一家像美国加州公务员退休基金（CalPERS）这样的基金，你手里的股票多到无法出售，你就被捆绑住了。于是你必须在意收益，然后你的行为就会像一个真正的所有者。

有如此众多的机构投资者拥有美国各大公司如此众多的股份，实属不幸，因为压力永远是短期的。我看过太多为了让股价上涨 5 个点而犯下的种种错误，我认为这是一种真正的威胁。

# 公司的未来Ⅲ：营销的变化

来自2003年在克莱蒙特研究大学的演讲

　　各位或许知道，拥有了信息就拥有了力量，这是一个古老的智慧。随着互联网的出现，顾客拥有了所有的信息。实际上，如果你梳理一下过去200年经济或社会的历史，贯穿其间的一条主轴，便是信息由极少数掌握一个产品或服务一切信息的位居高位的制造者手中转移出来。我们在场的不少人，都经历过产品信息转移到分销商手中，然而现在信息转移到了顾客手中。

　　互联网只是另外一个分销渠道吗？或者互联网是一个完全不同的市场吗？现在，我只能希望这是一个正确的问题。但是我并不认为我能够得到一个答案。如果有人找我咨询，就像几个老客户那样，说"请协助我们公司进行判断"，我甚至不知道从何处开始着手。

　　大家都知道，现在我们在座的各位都把市场营销视为理所当然。可是就在不久之前，市场营销还不是一个每个人都使用的术语。从历史上看，始于 1765 年前后的工业革命，蒸汽发动机被应用到工厂生产既有产品（如纺织品）。因为生产能力不足，没有办法满足需求。那时候没有市场营销，没有销售，只有供应。

这样一直持续到 1829 年左右，然后社会经历了我们所谓的服务革命，这次革命始于铁路。在此后的四五十年时间里，新的发展可能都集中在服务业。科技大学、商业银行、电报、邮政及现代企业的兴起，全都不是因为应用了新技术，而是利用了新想法。这一时期经常被经济史学家所忽略，他们通常重视的是技术和产品。

接着出现了新产业，带来了以往根本未曾想象过的新产品，一个接着一个。这大约始于 1840 年，一直延续到第二次世界大战，同样，不需要市场营销。其实连销售也不太需要。例如，电话公司在 1960 年以前必须面对的问题是怎样处理线路的不足，需求是现成的。

直到下一个阶段，事情才开始变得复杂。"困惑"可能是一个更为贴切的词。在那之前，你只有一种需求、一种技术、一种产品。然后，事情开始交织在一起。最早的变化可能就是来自 20 世纪二三十年代的美国汽车工业。凯迪拉克和雪佛兰的零部件是完全一样的，但是凯迪拉克不是代步工具，它是一种身份的象征。

那个时候是销售的开端，也是市场营销的起点。实际上我们可以说，美国凯迪拉克是第一个被营销的产品，而营销的不是汽车，而是社会地位。劳斯莱斯汽车标榜的是经久耐用，早期的劳斯莱斯强调的是它的使用寿命年限，它是市场上性价比最高的车。凯迪拉克标榜的不是这个，凯迪拉克卖的是身份地位，这是比销售更进一步的营销的开端。

这最多不过是六七十年之前的事情。现在我们又要进入一个新的时代，在这个时代，互联网将信息转移到顾客手中。

过去三四十年里，在营销理论和实践中有一项重大的进展，就是我们学会了如何界定市场。在这个领域工作过的人一定知道，界定市场并不容易，但是这却是一个非常关键的问题："我们的市场在哪里？"你的回答要么成功，要么失败。突然之间网络的出现，这个回答就不再适用了。有了互联网，所有的市场都变成了本地市场。基本上，互联网上没有距离，所以不论在哪里都是本地市场。

现在让我们再回来谈谈市场营销的目的。这里有两个答案，是大约50年前由两个没有什么联系的人分别提出的。一个人是哈佛商学院的泰德·李维特（Ted Levitt），另外一个人就是我。对我而言，市场营销是从顾客的角度来看企业。但是市场营销也是一整套的技术，两者缺一不可。

市场营销原来的定义是，"我们制造产品，顾客购买我们制造的产品"。但是，这是销售，不是营销。大多数企业至今仍然是这么看待自己的。市场营销始于"顾客需要什么"，企业就是要满足这种需求。每家公司都宣扬这种理念，但是很少有公司真正付之于行动。

目前我们又有了新的问题，属于市场营销范畴的问题。第一个是，对于我们的企业来说，互联网是一个分销渠道，还是它本身就是一个市场？以通用电气为例，它认为互联网只是一个分销渠道，即使是订单来自互联网，仍然是由顾客附近的经销商来交车。考虑到汽车并非特别容易运输，这是一个明智的答案。另外，有很多东西移动性强，比如书，所以对于亚马逊这样的企业，这个问题的答案是，互联网本身就是一个市场。今后，越来越多的组织需要回答这个问题：互联网是分销渠道，还是一个独立的市场？它会不会改写我们的经营之道？

　　在未来的10年内，我们将会在所谓的市场营销上看到另外一次重大的改变。营销依然是指能够帮助销售的技术，同时营销也意味着要从顾客的角度去看待企业。不过，市场是什么？顾客现在需要什么？这样的问题越来越多地是用信息来定义，由顾客在互联网这个信息市场上的所见所闻和所意识的来定义。

　　因此，我们必须学习从一个没有距离的市场以及不能由地理位置定义市场的角度来重新定义企业，即使是对那些当地的餐厅或者是医院来说，也是一样。这一点，我知道，非常不令人满意。至少我对此非常不满意。但是我想它预示着将会发生的一个根本上的变化，不是在市场营销上，而是在定义机构组织和定义企业上。

# 公司的未来Ⅳ：动态世界

来自 2003 年在克莱蒙特研究大学的演讲

　　我们正处于由西方主导的国际经济向多中心的世界经济过渡的开端，也许已经走了 1/3。美国目前的经济主导地位是一个过渡，并且正迅速地成为过去式。我说的不是军事也不是政治。其实我越是思考这个问题，我就越是确信，未来重大的挑战之一，是各国的政治、军事以及经济不再完全齐头并进，而是分道扬镳。我想这是一个没有人真正了解的重大挑战，而且我们对此缺乏理论或实践。

　　如果你观察世界经济，你马上会说出它的特征是全球化，这个说法既是正确的也是错误的。在某一方面也许是对的，但是在其他方面又说不通。

　　全球化迄今为止只发生在信息领域。情况的确发生了变化，那些东京的高中女生用手机可以连接到世界上任何一个卫星上。唯一的障碍是她们只会说日语，而大部分卫星都不懂日语。不过从理论上来说，她们可以同世界上的任何一个人联系。这是一个重要的变化，因为历史上所有的独裁政权都是以控制信息为基础的，现在这已经行不通了。关于这个变化的政治方面的含义我不甚了解，但其影响力是非常深远的。

就某一方面而言，信息向来都是流动的。沙皇的秘密警察没有办法不让信息流出俄国。是的，他们把一些人流放到西伯利亚，没收了他们的财产。但是我现在正在阅读一本陀思妥耶夫斯基的书，里面有一个主题正是信息从西方进入，而且根本无法阻止。

因此，就这一点而言，信息全球化并不是非常新的现象，新的情况是信息不再有距离。前几天我读到一篇非常有趣的文章，是对上网的德国年轻人做的一项调查，说的是他们根本没有距离的概念，对他们而言，凡是在互联网上碰到的人都是邻居。对于美国的年轻人来说也是如此。因此，信息有着巨大的政治和心理方面影响力，远远超过经济方面。是的，在信息方面可以说是全球化。

然而当你谈到货币时，事情可就不这么简单了。主流经济学理论的假设是一个国家控制着其货币政策，由此控制它的经济。但是，现在光靠这样已经行不通了。200年前，经济学家定义资源为土地、劳动和资本，所有这些都是稀缺的。如今，世界上的货币已经太多了。

我要指出，当前货币的国际化程度和700多年前的情况差不多，现代经济始于13世纪左右。大约是在1235年发明的信用证，从而使得货币可以流动。但是从那个时候开始，政府开始尽力控制货币。不过现在，只有通过跨国联盟才能控制货币的流动。

放眼望去，你会看到美联储和美联储主席殚精竭虑地利用货币政策来调节美国经济，美国的货币政策需要其他发达国家货币当局的货币政策来协调配合，才能发挥一定的效果。目前，美国是团队的领队，同时也是团队的一分子。

同时，产品和服务的经济变化是最为剧烈的。印度和中国正迅速成为能够与美国经济霸主地位相抗衡的力量。印度和中国都开始以经济大国的形象在全球经济中崭露头角，但是这两个国家非常不同，中国是制造中心，而印度是知识中心。

我不知道各位当中有多少人意识到了这一点。印度是世界上第二大说英语的国家，那里有1.5亿人说英语，对他们而言，英语不是第二语言，而是主要语言。他们都是双语者，在很多情况下，他们对他们的仆人或员工说当地语言，却对自己的配偶说英语，这是因为妻子可能来自说印地语的某地，而她的丈夫则说古吉拉特语，他们只能通过英语来沟通。因此，对于1.5亿的印度人来说，英语不是外语。印度有可以称得上是全球最好的科技大学，医学院也很棒。因此，过去有99%而现在只有50%农村人口的印度，正在迅速成为知识中心。

我们正在迈入这样一个世界经济，构成单位不再是国家而是经济集团：北美的北美自由贸易协定（NAFTA），南美的南方共同市场（Mercosur），此外还有欧盟。

到目前为止，欧洲只有极少数公司真正成为欧洲的公司，它们仍然是德国、法国或意大利的公司。这是因为欧盟目前仍然有比较严重的消化问题，有15个新成员国加入。但是，五六年之内，等它从肚子疼中恢复过来，你就会看到真正建立在联盟而不是国家所有权基础上的欧洲企业的出现，而它们将成为真正的竞争对手。

的确，有相当明显的迹象显示，经济集团正快速成为一个新的超级结构，作为世界经济的主要单位。我们现在还不太了解它，而且我们肯定目前也没有相应的经济理论。我们所知道的就是这些集团内部实行自由贸易，而对外则是高度贸易保护的。我们来到了一个新重商主义时代，每个集团都在拼命地推动出口，同时努力减少进口。我们知道这种政策是行不通的，但是现在每个集团都试图这么做，而且正在这么做，尤其是在发生重大社会转型的地区。

其原因在于，每个国家的农民人数越少，所受到的保护就越多。农民人数与补贴金额几乎完全的负相关。法国最有代表性地展现了这个关系，农民人口每下降一个百分点，农业补贴就会增加。在美国，这个数字是4%，德国也是类似的比例。在日本，情况不甚明了，在玩弄数字方面，没有人能打败日本，甚至安然公司（Enron）也不是对手。日本人补贴农业部门的方式是修路，这样的方法没有其他国家使用，政府投入到建筑业的资金由某种方式向下渗透。

回顾过去50年最重要的单个经济现象，就是全球农产品的产量大约是原来的三倍，而农业就业人口却下降了97%。

我们也见证了制造业出现的全球性的变化，这与从1950年开始的农业革命非常类似。在艾森豪威尔总统时代，美国35%的人口是蓝领人口。今天，蓝领人口下降到了大约13%。然而，现在制造业的产量几乎是艾森豪威尔时代的三倍。布什先生，大家都知道，宣布了一项制造业政策。这实际上是针对制造业工人的政策。制造业本身并不需要任何保护，它现在发展得非常好，只不过是和农业一样，它需要的工人越来越少了。

这种趋势也直接关系到美国种族问题的核心，因为大批量生产行业的工厂工作岗位，是大量未受过教育、未经过训练的黑人借以实现社会阶层向上流动的一个途径。他们在底特律或布里奇波特（Bridgeport），可以找到工资很高、有工会保障的工作，而这些工作岗位现在正在快速消失。这些工作正在被要求高教育水准、高技能的工作岗位所取代。

农业转型在美国并没有引发社会问题，因为当时从农场转移安置到工厂几乎不要求什么技能，待遇却是原来的两倍。在知识经济时代有很多工作岗位，但是需要很高的技能，而且也比有工会保障的制造业工作工资低。今天在底特律，有 20 年工作经验的汽车工人，如果把加班费和各种福利或医疗保险都加进来的话，每小时成本是 40 美元，知识经济不会付这么多的钱。

所以今天失业的工厂工人，就算他们拥有技能，也会面对收入大幅度下降和工作缺乏保障的窘境，更何况，他们还不具备这个技能。由于黑人在这种人群中所占的比例特别高，这个问题就处在了美国种族问题的核心位置。实际上，有半数美国黑人已经成为中产阶级，也搬离出了市内的贫民区，这正好使得另外一半黑人面对更为严峻的挑战。

大家都在谈论工作外移，你听说过这些，对吗？却没有人谈论丰田、尼桑或西门子在美国创造了多少就业岗位。这些工作不同，也不在同一个地方。但是实际上，移入美国的就业岗位是多于移出的，美国有盈余。这意味着，从经济上来说，我们不存在就业问题。但是我们有社会问题，因为这些失业的人不具备新工作岗位所要求的技能，而且它们也不在他们居住的地方，这些新来的企业没有来到底特律。因此，我们谈论的不应该是工作外移的问题。真正的问题是，新工作出现的地方不是旧工作岗位消失的地方，而且新工作要求具备新的技能和新的态度。

这种问题最严重的不是住在美国市内贫民区的黑人，而是德国的年轻人。德国有着极为完备的培训项目，然而这些工人却不具备把握新机会的能力。原因不是他们没有这些技能，而是他们没有这样的志向和态度，他们甚至不知道有知识工作的存在。因此，正确处置这些 19 世纪或 20 世纪工厂的劳动力是一个全球性的挑战，这与制造业的繁荣无关。就生产和利润而言，全球的制造业表现得都非常出色，但是全球的制造业工人却陷入了困境。

此外，大家经常挂在嘴边的无稽之谈就是贸易平衡，那是一个幻觉。各位必须明白，我们有 1/3 的进口，是美国公司在海外生产的，它们就是美国制造的商品，尽管这些商品是在中国或马来西亚生产的。就公司的总产出而言，这些商品和在美国生产的任何商品没有区别。你不能说这些商品是马来西亚的，从这个角度而言，这些进口的商品和在美国国内生产并无差别，唯一的差别在国际收支和贸易平衡上。

因此我想说的是，回到世界经济，我们可能需要重新思考整个经济学的概念。现在经济学是以斯德哥尔摩大学的古斯塔夫·卡塞尔（Gustav Cassel）的研究为基础，他在 20 世纪初先于凯恩斯提出了现代政府是现代经济的一个单位。在那个时候，这是一个革命性的论点，到经济大萧条时期被接纳为经济学的正统思想。现在，我们必须重新思考这些经济理论，使其能够符合这样一个模型：在这个模型中经济是跨国的，成员是集团和国家。这样的关系我们现在还不了解，正在研究解析。

我们也需要新经济政策，新政策要接受的一个事实就是，发达国家 90% 的工人不再是体力劳动者。他们的工作不再是生产商品，他们是服务人员或知识工作者。

最后，我们需要深思我们的国家政策，国家政策必须能应对新的现实，那就是资本是完全流动的，可以在任何地方以相同的价格取得。今天，唯一能够产生差异的因素就是人力资源的生产率。知识工作者是无法互换的，一位理疗师不可能去做临床实验的工作，而从事临床试验的人也不具备资格成为护士，护士也没有成为数学家的能力。我们现在的劳动力是前所未有的，工业革命创造的是同质化的劳动力。我们的劳动力有数不清的种类，各不相同，也无法替代，因为每一种都有专业知识，而且要求多年的正规训练。我们将必须发展出新的完全不同的思维方式。我们或许可以这样开始，承认我们无法管理知识工作者，我们只能帮助他们具有更高的生产率。

# 译者后记

## 年少读不懂德鲁克

第一次听到管理学大师彼得·德鲁克这个名字还是 20 年前我在硕士研究生的学习期间，我当时学习的专业是企业管理。为了完成学业，为了应付考试，德鲁克的书和文章也读过一些，当时总觉得他的著作作为学术著作大多平淡无奇，并没有太多能够触动我的地方，也没有觉得学到太多的东西。随后我的学习兴趣继续追随着经济学，按照德鲁克的说法就是"研究商品行为的经济学"，而我对于"研究人的行为的管理学"的理解也就局限在考过的试卷中和写过的论文中。

但是，这么多年过去了，"管理学大师德鲁克"这个名字反复出现在我的视线中，德鲁克管理的热度似乎越来越高。于是德鲁克成为我心中的一个谜团，是什么原因让德鲁克受到如此多人的狂热崇拜？这位大师又有何过人之处？我觉得我需要重新读读德鲁克的书，重新认识一下这位大师。正好就在这个时候，机械工业出版社华章公司的宋编辑联系我，说有一本德鲁克的演讲集需要翻译，我毫不犹豫地答应下来，那种感觉就好像刚好接住天上砸下来的馅饼。

翻译《德鲁克演讲实录》是一次奇幻的经历，我仿佛有幸坐在克莱蒙特研究大学的教室里，看着倚靠在讲桌边的这位大师智者滔滔不绝，把他的真知灼见向我娓娓道来。他的话看似平淡无奇，但是对于现在已经在生活上经过一定历练的我来说，处处闪烁着智慧的光芒。很多次恍然大悟，那些富有挑战的、苦苦寻找的问题的答案，原来德鲁克早就讲到过呀。这本德鲁克的演讲集从1947年开始到2003年为止跨越了将近60年，整理者按照每10年一个阶段编撰成7个部分，我们可以从这样的安排中感受到德鲁克的哲学思想随着时代在不断地演变。这本演讲集涉猎的主题和领域也相当之广泛，从关注人类存在的本身、国家到就业和技术革命，到大型组织的管理和绩效，再到知识工作、非营利组织以及全球化，甚至还囊括了教育、自我管理等这样一些主题。很多演讲的主题虽然是针对当时发表演讲时的情形，但是在今天读来，仍然能强烈感受到那种洞察一切的通透。

天津商业大学经济学院汪小雯和民生银行天津自由贸易试验区分行的张坤负责全书的翻译，作为译者我们有幸在第一时间享受了这次大师的精神盛宴。翻译不妥之处，还望读者批评指正！

汪小雯

2019年6月于天津

# 彼得·德鲁克全集

| 序号 | 书名 | 要点提示 |
|---|---|---|
| 1 | 工业人的未来<br>The Future of Industrial Man | 工业社会三部曲之一，帮助读者理解工业社会的基本单元——企业及其管理的全貌 |
| 2 | 公司的概念<br>Concept of the Corporation | 工业社会三部曲之一，揭示组织如何运行，它所面临的挑战、问题和遵循的基本原理 |
| 3 | 新社会<br>The New Society：The Anatomy of Industrial Order | 工业社会三部曲之一，堪称一部预言，书中揭示的趋势在短短十几年都变成了现实，体现了德鲁克在管理、社会、政治、历史和心理方面的高度智慧 |
| 4 | 管理的实践<br>The Practice of Management | 德鲁克因为这本书开创了管理"学科"，奠定了现代管理学之父的地位 |
| 5 | 已经发生的未来<br>Landmarks of Tomorrow：A Report on the New "Post-Modern" World | 论述了"后现代"新世界的思想转变，阐述了世界面临的四个现实性挑战，关注人类存在的精神实质 |
| 6 | 为成果而管理<br>Managing for Results | 探讨企业为创造经济绩效和经济成果，必须完成的经济任务 |
| 7 | 卓有成效的管理者<br>The Effective Executive | 彼得·德鲁克最为畅销的一本书，谈个人管理，包含了目标管理与时间管理等决定个人是否能卓有成效的关键问题 |
| 8 ☆ | 不连续的时代<br>The Age of Discontinuity | 应对社会巨变的行动纲领，德鲁克洞察未来的巅峰之作 |
| 9 ☆ | 面向未来的管理者<br>Preparing Tomorrow's Business Leaders Today | 德鲁克编辑的文集，探讨商业系统和商学院五十年的结构变化，以及成为未来的商业领袖需要做哪些准备 |
| 10 ☆ | 技术与管理<br>Technology，Management and Society | 从技术及其历史说起，探讨从事工作之人的问题，旨在启发人们如何努力使自己变得卓有成效 |
| 11 ☆ | 人与商业<br>Men，Ideas，and Politics | 侧重商业与社会，把握根本性的商业变革、思想与行为之间的关系，在结构复杂的组织中发挥领导力 |
| 12 | 管理：使命、责任、实践（实践篇）<br>Management:Tasks,Responsibilities,Practices | |
| 13 | 管理：使命、责任、实践（使命篇）<br>Management:Tasks,Responsibilities,Practices | 为管理者提供一套指引管理者实践的条理化"认知体系" |
| 14 | 管理：使命、责任、实践（责任篇）<br>Management:Tasks,Responsibilities,Practices | |
| 15 | 养老金革命<br>The Pension Fund Revolution | 探讨人口老龄化社会下，养老金革命给美国经济带来的影响 |
| 16 | 人与绩效：德鲁克论管理精华<br>People and Performance: The Best of Peter Drucker on Management | 广义文化背景中，管理复杂而又不断变化的维度与任务，提出了诸多开创性意见 |
| 17 ☆ | 认识管理<br>An Introductory View of Management | 德鲁克写给步入管理殿堂者的通识入门书 |
| 18 | 德鲁克经典管理案例解析（纪念版）<br>Management Cases(Revised Edition) | 提出管理中10个经典场景，将管理原理应用于实践 |

# 彼得·德鲁克全集

| 序号 | 书名 | 要点提示 |
|---|---|---|
| 19 | 旁观者：管理大师德鲁克回忆录<br>Adventures of a Bystander | 德鲁克回忆录 |
| 20 | 动荡时代的管理<br>Managing in Turbulent Times | 在动荡的商业环境中，高管理层、中级管理层和一线主管应该做什么 |
| 21 ☆ | 迈向经济新纪元<br>Toward the Next Economics and Other Essays | 社会动态变化及其对企业等组织机构的影响 |
| 22 ☆ | 时代变局中的管理者<br>The Changing World of the Executive | 管理者的角色内涵的变化、他们的任务和使命、面临的问题和机遇以及他们的发展趋势 |
| 23 | 最后的完美世界<br>The Last of All Possible Worlds | 德鲁克生平仅著两部小说之一 |
| 24 | 行善的诱惑<br>The Temptation to Do Good | 德鲁克生平仅著两部小说之一 |
| 25 | 创新与企业家精神<br>Innovation and Entrepreneurship:Practice and Principles | 探讨创新的原则，使创新成为提升绩效的利器 |
| 26 | 管理前沿<br>The Frontiers of Management | 德鲁克对未来企业成功经营策略和方法的预测 |
| 27 | 管理新现实<br>The New Realities | 理解世界政治、政府、经济、信息技术和商业的必读之作 |
| 28 | 非营利组织的管理<br>Managing the Non-Profit Organization | 探讨非营利组织如何实现社会价值 |
| 29 | 管理未来<br>Managing for the Future:The 1990s and Beyond | 解决经理人身边的经济、人、管理、组织等企业内外的具体问题 |
| 30 ☆ | 生态愿景<br>The Ecological Vision | 对个人与社会关系的探讨，对经济、技术、艺术的审视等 |
| 31 ☆ | 知识社会<br>Post-Capitalist Society | 探索与分析了我们如何从一个基于资本、土地和劳动力的社会，转向一个以知识作为主要资源、以组织作为核心结构的社会 |
| 32 | 巨变时代的管理<br>Managing in a Time of Great Change | 德鲁克探讨变革时代的管理与管理者、组织面临的变革与挑战、世界区域经济的力量和趋势分析、政府及社会管理的洞见 |
| 33 | 德鲁克看中国与日本：德鲁克对话"日本商业圣手"中内功<br>Drucker on Asia | 明确指出了自由市场和自由企业，中日两国等所面临的挑战，个人、企业的应对方法 |
| 34 | 德鲁克论管理<br>Peter Drucker on the Profession of Management | 德鲁克发表于《哈佛商业评论》的文章精心编纂，聚焦管理问题的"答案之书" |
| 35 | 21世纪的管理挑战<br>Management Challenges for the 21st Century | 德鲁克从6大方面深刻分析管理者和知识工作者个人正面临的挑战 |
| 36 | 德鲁克管理思想精要<br>The Essential Drucker | 从德鲁克60年管理工作经历和作品中精心挑选、编写而成，德鲁克管理思想的精髓 |
| 37 | 下一个社会的管理<br>Managing in the Next Society | 探讨管理者如何利用这些人口因素与信息革命的巨变，知识工作者的崛起等变化，将之转变成企业的机会 |
| 38 | 功能社会：德鲁克自选集<br>A Functioning society | 汇集了德鲁克在社区、社会和政治结构领域的观点 |
| 39 ☆ | 德鲁克演讲实录<br>The Drucker Lectures | 德鲁克60年经典演讲集锦，感悟大师思想的发展历程 |
| 40 | 管理(原书修订版)<br>Management(Revised Edition) | 融入了德鲁克于1974~2005年间有关管理的著述 |
| 41 | 卓有成效管理者的实践（纪念版）<br>The Effective Executive in Action | 一本教你做正确的事，继而实现卓有成效的日志笔记本式作品 |

注：序号有标记的书是新增引进翻译出版的作品